주제가 살아있는
그림책 수업 레시피

QR코드로 바로 쓰는
60가지 주제별 수업활동

그림책
수업팁

주제가

살아있는
그림책

초등학교
수업에
바로 활용
수업 레시피

그림책 수집가 **지음**

　　초등학교 시기 아이들은 주변의 것을 스펀지처럼 빨아들입니다. 다양한 컨텐츠가 발달하고 초등학생들의 휴대전화 보급률이 높아짐에 따라 유튜브, 모바일 게임 등으로 시간을 보내는 일이 많아졌습니다. 아이들은 미디어에서 무분별하게 받아들인 언어 생활이나 생각의 양식을 자신과 동일시하기도 합니다. 이러한 환경에 노출된 아이들과 수업을 하다보면 교사는 화면 전환이 빠른 영상이나 게임보다 순수하고 아름다운 것을 수업 자료로 많이 사용하고 싶어집니다. 아직 아이들이 접해보지 못한 책의 재미와 페이지를 넘겨가며 골똘히 생각하는 시간을 가지게 해 주고 싶어집니다.

　　그림책은 아이들에게 그림을 통해 생각하게 하고 정서적인 자극을 줍니다. 또한 다양한 주제로 초등학교의 어느 교과, 어느 주제에도 사용할 수 있어 학교뿐 아니라 가정에서도 쉽게 적용할 수 있습니다. 그림책은 상상력을 자극하는 글과 풍부한 그림이 조화를 이루고 있습니다. 학습자는 한 권의 책을 읽으며 그 속에서 가치 있는 주제를 발견하게 됩니다. 그래서 실제 초등학교 현장에서 그림책의 선호도는 수준, 학년, 성별 할 것 없이 매우 높습니다. 그런데 많은 교사들은 그림책 수업에서 한계를 느낀다고 말합니다. 어떤 한계일까요? 아마도 그림책 자체에서 오는 한계가 아닌 수업의 준비 과정에서 겪는 한계일 것입니다.

　　성공적인 그림책 수업은 다음의 요소가 충족되어야 합니다. **적절한 그림책의 선정, 실감나는 구연 능력, 주제를 이끌어내는 발문, 생각의 깊이를 더해 줄 독후 활동 그리고 그것을 뒷받침할 수업자료**까지. 어쩌면 우리는 마음 속 깊이 그림책 수업을 담아두면서도 이 모든 것을 준비하는 데 한계를 느껴 포기하고 있는지도 모릅니다. 그래서 '**주제가 살아있는 그림책 수업 레시피**'는 준비 과정의 부담을 덜어 드리고자 합니다. 그림책으로 학생들과 소통하며 때로는 상상력과 창의력이 풍부한 학생들이 교사가 준비한 수업보다 더 많은 가치를 발견하는 매력적인 경험을 해 보시길 바랍니다.

범교과 주제란 국가·사회적으로 요구되는 학습 주제입니다. 범교과 주제는 여러 교과의 경계를 가로지르는 종합적인 성격의 주제를 교과와 창의적 체험활동 등 교육 활동 전반에 걸쳐 통합적으로 다루도록 하고 있습니다. 그러나 참고할 만한 교재나 학습자료 없이 범교과 주제를 교과나 창의적 체험활동 시간에 가르치자니 교사는 막막함이 앞섭니다. 그럴 때 손쉽게 준비할 수 있으면서도 깊이 있는 수업 구성이 가능한 수업 자료가 그림책입니다. 그림책에는 다양한 주제의 책이 많습니다. 같은 주제라 할지라도 그림책 작가에 따라 주제가 여러 가지 모습으로 표현됩니다. 교사는 수많은 그림책 중에서 학생의 수준과 교육 환경, 교과 내용 등을 고려하여 범교과 주제 학습에 알맞은 그림책을 선택할 수 있습니다.

'주제가 살아있는 그림책 수업 레시피'는 범교과 수업에 적합한 6가지 주제에 맞는 그림책 각 10권씩을 선정하여 같은 주제라도 다양한 그림책과 수업기법을 선택하여 '지금 - 여기 - 우리 삶'에 맞는 창의적인 수업을 계획할 수 있도록 구성하였습니다. **다문화 교육, 환경생태 교육, 양성평등 교육, 생명존중 교육, 학교폭력 예방 교육, 진로 교육** 등 6가지 주제에 맞는 큐알코드로 접속하여 다양한 자료를 다운로드 받아 수업에 바로 활용할 수 있습니다.

본문의 첫 문단에는 그림책 선정 이유와 수업의 흐름을 제시합니다. 둘째 문단부터는 읽기 전 활동 및 활동 1~3에 관한 자세한 설명과 함께 실제 수업 사진을 제시하였습니다. 각 활동에 필요한 학습지, PPT, 동영상 자료들은 아이콘으로 표시하여 수업 활용시 쉽게 찾아볼 수 있도록 했습니다. 마지막 문단의 '그림책 수업 팁'은 실제 수업을 하며 느꼈던 보완할 점, 새롭게 변형가능 한 수업 팁, 참고 사이트나 주의할 점 등 집필 교사의 목소리를 생생하게 들을 수 있는 코너입니다. 그림책으로 범교과 수업을 준비할 때, 창의적이고 재구성이 가능한 다양한 자료로 많은 도움이 되실거라 확신합니다.

차례

CHAPTER 1

함께 살아가는 세상을 위한
다문화 교육

달라서 특별한 우리 - **넌 토끼가 아니야**	014
더 멋진 세상을 만들기 - **다섯 손가락**	017
모두 다 다른 모습이에요 - **무리**	020
편견과 공포에서 그들을 구한 것은? - **벌집이 너무 좁아!**	023
모두 각자의 색으로 빛나는 세상 - **보라 PURPLE MORADA**	026
아름다운 우리들의 빛깔 - **살색은 다 달라요**	029
서로 다른 샌드위치로 알아가는 문화 다양성 - **샌드위치 바꿔 먹기**	032
우리가 모두 달라서 정말 감사해 - **컬러풀 월드**	035
보이지 않는 선을 찾아보는 이야기 - **이 선이 필요할까?**	038
외국인이 나와 가족이 된다면? - **이모의 결혼식**	041

CHAPTER 2

지구와 우리를 위한
환경생태 교육

모든 동물들이 자유롭고 행복한 세상 - **내일의 동물원**	046
유쾌하고 행복하게 생태 감수성을 키워요! - **농부 할아버지와 아기 채소들**	049
예쁘지만 무시무시한 플라수프 레시피! - **미세미세한 맛 플라수프**	052
북극곰에게 필요한 것은? - **북극곰에게 냉장고를 보내야겠어**	055
이러다 상자가 산을 이룰지도 몰라! - **상자 세상**	058
페트병 새롭게 태어나다 - **소원**	061
물고기 속에서 플라스틱을 찾아요! - **아주 이상한 물고기**	064
바닷속 친구에게 바치는 노래 - **외뿔고래의 슬픈 노래**	067
그게 뭘까요? 여러분은 알고 있나요? - **작지만, 위험한 빨대**	070
캔~ 캔~ 무엇이 될까? - **캔, 우리 다시 만나자**	073

CHAPTER 3

세상을 올바르게 바라볼 수 있게 하는
양성평등 교육

서로를 있는 그대로 받아들이는 - **근육 아저씨와 뚱보 아줌마(숲)**   078

편견을 이기고 최초가 되다 - **나는 꼭 의사가 될 거예요!**   081

남자나 여자가 아닌 바로 내가 정말 좋아하는 것은 무엇일까?   084
   - **내 그림자는 핑크**

우리 가족의 역할 찾기 - **돼지책**   087

옛날에는 입고 싶은 옷을 마음대로 입을 수 없었다고?   090
   - **메리는 입고 싶은 옷을 입어요**

남자? 여자? 정해진 색깔이 있을까요? - **분홍 소녀 파랑 소년**   093

수백 년에 걸쳐 만들어 가는 평등한 세상 - **산딸기 크림봉봉**   096

'여자니까, 남자니까' 이상해! - **여자 남자, 할 일이 따로 정해져 있을까요?**   099

남자답게 여자답게 No, 나답게 너답게 Yes - **코숭이 무술**   102

울고 싶을 때는 울어요 - **아빠의 마음 날씨**   105

CHAPTER 4

서로를 소중하게 생각하게 하는
생명존중 교육

나는 어떤 씨앗일까? 어떤 꽃이 될까? - **너는 어떤 씨앗이니?**   110

나는 00의 귀재! - **나는 빵점!**   113

걱정을 담아두는 따뜻한 응원 상자 - **걱정 상자**   116

세상과 마주한 나를 응원해 - **나는 (　)사람이에요**   119

나의 삶을 되돌아보아요 - **삶**   122

동물들아 미안해 - **울지 마, 동물들아!**   125

누구나 환영합니다. 세상에 단 하나뿐인 아주 특별한 식당
  - **쌍둥이할매식당**   128

수많은 나, 하나하나 다 소중해요 - **나는요,**   131

소중한 나를 찾기 - **내가 나를 골랐어!**   134

내 안의 소중한 나를 발견하다 - **강아지똥**   137

CHAPTER 5

평화를 위한 학교폭력예방 교육

'핑'은 나의 몫, '퐁'은 친구의 몫 - **핑!**   142

나쁜 말 먹는 괴물 VS 고운 말 먹는 괴물 - **나쁜 말 먹는 괴물**   145

'싫어!'도 연습이 필요해 - **싫다고 말하자!**   148

사실은 너에게 미안해 - **빌려준다고 했는데...**   151

속상하고 화나고, 슬픈 마음, 여기 모두 모여라! - **궁디팡팡**   154

학교 폭력을 멈추는 용기 - **우리 학교에 여우가 있어**   157

감기 걸린 물고기를 본 적이 있니?
물고기는 감기에 걸리면 색깔이 변한대! - **감기 걸린 물고기**   160

소중한 내 친구, 소중한 나 - **친구의 전설**   163

한 걸음 다가가면 비로소 보이는 친구의 얼굴 - **내가 보여?**   166

나는 누군가에게 숫자가 된 적이 있나요? - **일(One)**   169

CHAPTER 6

나의 꿈을 그려보는 진로 교육

내가 좋아하는 것들로 가득한 나만의 방 - **나만의 박물관**   174

내가 행복할 수 있는 진로 찾기 - **허먼과 로지**   177

거북이는 거북이답게 토끼는 토끼답게 나는 나답게! - **슈퍼 거북**   180

너의 멋진 꿈을 응원해! - **난 커서 어른이 되면 말이야**   183

꿈꾼다는 건… 먼 미래? 아니 지금! - **꿈꾼다는 건 뭘까?**   186

내 안의 멋진 나 찾기 - **봉봉이의 아주 특별한 모자**   189

최선을 다한 나, 무엇이 될까? - **몽당**   192

어떤 직업이 나에게 딱일까? - **내가 딱이지**   195

완두콩만큼 작은 아이의 반짝이는 성장 이야기 - **완두**   198

너는 너라서, 나는 나라서 우리는 특별해! - **너의 특별한 점**   201

CHAPTER 1
다문화 교육

다문화 사회는 한 사회 안에 서로 다른 인종과 다양한 문화가 공존하는 사회를 뜻합니다. 우리나라도 세계화와 개방화에 따라 빠르게 다문화 사회로 진입하고 있으며, 학교 교실 현장에서도 이러한 변화를 피부로 느낄 수 있습니다. 다문화 교육과 관련한 다양한 그림책을 읽으며 다문화 감수성을 함양하고, 다양한 가치관과 문화를 가진 학생들을 존중하고 포용하며, 모두가 행복한 건강한 공동체를 위한 한걸음을 내딛기를 기대합니다.

달라서 특별한 우리

추천 대상 : 1, 2학년

넌 토끼가 아니야

백승임 (글), 윤봉선 (그림)

노란돼지 (2023년)

토끼 나라 토끼들의 첫 번째 모임을 알리는 초대장이 도착했습니다. 흰토끼들은 푸른 들판에 가득한 흰토끼들을 만날 생각에 신나게 노래를 부르며 출발합니다. 그런데 밤색 토끼, 검은색 토끼, 심지어 점박이 토끼들을 만납니다. 흰색이 아니면 토끼가 아니라고 생각했는데, 모두 같은 음식을 먹고 똑같은 똥을 누는 걸 보고 혼란에 빠집니다. 기운이 빠진 모습으로 들판에 도착한 흰토끼들을 다른 색 토끼들은 반갑게 맞아줍니다. 다른 색 토끼들과 함께 신나게 논 흰토끼들은 털색이 달라도 모두 토끼라고 노래를 부르며 집으로 돌아갑니다.

이 그림책은 다양성에 대한 이해와 존중을 아이들의 눈높이에서 쉽게 풀어냈습니다. 모두 다르기 때문에 더욱 특별하고 소중한 존재라는 것, 서로의 다름을 인정할 때 비로소 친구가 될 수 있다는 것을 알려줍니다. 토끼의 생김새가 모두 다르듯, 우리 반 친구들의 생김새도 모두 다르며, 더 나아가 세상에는 다양한 인종이 있음을 이해할 수 있습니다. 이 책을 통해, 모두가 다르다는 것은 모두가 특별하다는 것이고, 우리가 모두 서로 다르기에 더 빛난다는 것을 깨닫기 바라는 마음입니다.

그림책 활동

1. 내가 좋아하는 색으로 토끼 만들기

책을 읽기 전, 책에 대한 흥미를 높이고 이번 수업의 주제인 '다양성'에 대해 생각해 보는 활동입니다. 각자 좋아하는 색종이를 한 장씩 선택하게 합니다. 유튜브 에듀퐁퐁에서 '추석 토끼'를 검색한 후, 동영상 앞부분(처음~4분)의 토끼 접기를 따라 토끼를 만듭니다. 색연필, 사인펜 등을 활용해 원하는 모양으로 토끼를 꾸며줍니다. 서로의 토끼를 살펴보며 모두 좋아하는 색이 다르고 다양한 색깔과 모양의 토끼가 있음을 자연스럽게 경험하도록 합니다.

2. 여러 가지 방법으로 그림책 감상하기

그림책 수업에서 가장 중요한 것은 그림책을 재미있게 읽는 것입니다. 이 그림책에는 다양한 색깔의 토끼들이 등장합니다. 내가 만든 토끼와 같은 색의 토끼가 등장하면 머리 높이 토끼를 들도록 합니다. 간단하지만 그림책에 대한 흥미와 집중력을 높일 수 있는 좋은 방법입니다.

3. 자연물로 내 얼굴 꾸미고 소개하기 `학습지`

그림책을 읽은 후 나뭇잎, 돌, 나뭇가지, 꽃 등 다양한 자연물을 이용해 내 얼굴을 꾸며봅니다. 완성된 얼굴의 생김새와 특징을 소개합니다. 눈, 코, 입, 귀, 눈썹의 생김새, 피부, 머리카락의 색깔 등을 자세하게 설명할 수 있도록 합니다. 마지막으로 학생들의 작품을 전부 칠판에 붙인 후 우리 반 친구들의 생김새가 모두 다름을 확인합니다. 모두가 다르기에 특별하고, 빛이 난다는 것을 언급합니다.

4. 다양한 인종 알아보기

마지막 정리 부분에서 다양한 인종의 사진을 보여줍니다. 그림책에서 토끼 나라에 여러 가지 색깔의 토끼가 살고 있었듯 지구에도 다양한 인종이 함께 살아가고 있다는 것을 설명합니다. '자연물로 내 얼굴 꾸미고 소개하기' 활동에서 살펴봤듯이 우리 반 친구들처럼 세계에는 다양한 생김새를 가진 사람들이 함께 살아가고 있음을 이해합니다. 우리는 모두 다르기 때문에 더 특별하고 소중하며, 모두 다 똑같은 '사람'이자 '친구'임을 마음속 깊이 되새깁니다.

그림책 수업 팁!

야외 수업으로 진행해도 좋아요.

아이들이 직접 자연물을 탐색해 보고, 그림책을 읽고, 야외에서 바로 자연물을 이용해 내 얼굴을 만들어 보는 활동까지 진행할 수 있어요. 그 후에 교실에 돌아와 다양한 인종에 대해 간단히 살펴보며 마무리하면 아이들이 정말 즐거워할 거예요.

'우리는 모두 하나' 추가 활동을 진행할 수 있어요.

A4용지에 손바닥 나무를 그리고, 손가락 나뭇가지에 잡지, 전단 등에서 오린 여러 인종의 사람을 붙여보는 활동이에요. 하나의 팔(나무뿌리)에서 여러 손가락(나뭇가지)이 나왔듯 우리는 모두 하나임을 설명해요.

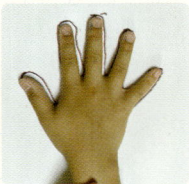 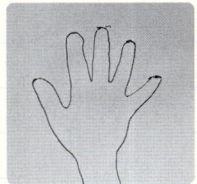 

더 멋진 세상을 만들기

추천 대상 : 전 학년

다섯 손가락

셀마 운글라우베 (글)
브루나 바로스 (그림), 강인경 (옮김)
미디어창비 (2016년)

우리는 자신의 생각을 말과 글로도 표현하지만 손으로도 많은 의미를 전달합니다. 그림책 '다섯 손가락'은 손가락 하나하나가 갖는 의미를 생각하게 하며, 손가락들이 모인 손이 할 수 있는 것은 무엇이 있는지 생각해 볼 수 있게 만드는 책입니다. 그림책에서 손가락은 우리가 살아가는 삶 속에서 한 사람 한 사람을 의미하기도 합니다. 모든 사람은 손가락 하나하나가 의미를 가지듯 소중한 가치를 지니고 있습니다. 손가락이 모인 손이 커다란 힘을 발휘할 수 있듯이 여러 사람이 모이게 되면 세상을 변화시킬 수 있습니다.

다섯 손가락 그림책을 통해 우리가 살아가는 세상 속에서 서로를 존중하며 배려를 할 수 있는 다문화 감수성을 배우고자 합니다.

그림책 활동

1. 손가락 마인드맵 하기

책을 읽기 전 손가락 하면 떠오르는 것들을 학생들이 각자의 허니보드에 써 보도록 합니다. 아직 글자를 쓰는 것이 어려운 저학년 학생의 경우 그림으로 자신의 생각을 표현할 수 있도록 합니다. 학생들이 쓴 허니보드는 칠판에 붙여 함께 읽으며 서로의 생각을 나눠 보도록 합니다.

 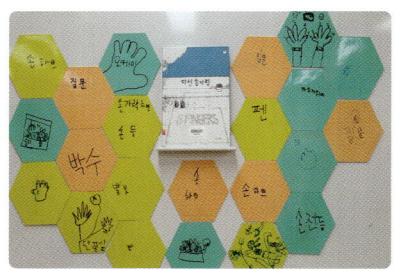

2. 한 손으로 말해요.

그림책을 다 읽은 후, 한 손으로 할 수 있는 것들을 생각해 봅니다. 자신의 생각을 포스트잇에 글로 써 보도록 합니다. 새로운 생각을 떠올리는 것이 어려운 학생들이 있을 경우 책 속의 내용을 다시 한번 이야기해 주고 생각을 떠올릴 수 있도록 도와줍니다. 학급에서 한 명을 뽑아 자신이 포스트잇에 쓴 내용을 동작으로 표현하도록 합니다. 나머지 학생들은 동작으로 표현하는 학생의 모습을 보며 포스트잇에 쓰인 내용을 추측하며 맞춰봅니다.

3. 두 손으로 말해요. 그림책 만들기 `학습지`

그림책 만들기 활동지를 활용하여 두 손으로 할 수 있는 것들을 글과 그림으로 표현해 보도록 합니다. A4 종이를 반으로 나누어 왼쪽에는 두 손으로 할 수 있는 일을 글로 쓰고, 오른쪽에는 자신이 쓴 문장을 그림으로 그려보도록 합니다. 학생들이 쓴 활동지를 모두 모아 반으로 접은 후 한쪽 면에만 풀칠을 한 후 모두 이어 붙이도록 합니다. 모두 이어 붙인 후 다섯 손가락의 그림책 표지를 출력하여 학생들의 활동지 모음을 감싸듯이 붙이면 한 권의 그림책이 완성됩니다. 또는 학생들의 작품 중 하나를 선택하여 표지로 활용해 볼 수 있습니다.

학생들과 함께 완성한 그림책은 교실에 게시하여 학생들이 언제든지 읽어볼 수 있도록 합니다. 학습 결과 내용을 공유할 때 한 명씩 자신의 활동지 내용을 발표하는 것도 좋을 수 있으나 모든 학생이 발표하기에는 시간적인 여유가 부족하고 소극적인 학생들에게는 불편할 수 있습니다. 이럴 경우에는 이렇게 그림책 만들기 활동을 통하여 학생들이 자신의 생각을 표현하고 충분히 공유할 기회를 제공할 수 있습니다.

학생들의 모습을 보여줄 때는 실물화상기를 사용해요.

수업 활동을 할 때 학생들이 교실 앞으로 나와서 표정이나 동작으로 표현할 경우 뒷자리에 앉는 학생들까지 자세히 보기에는 어려움이 있어요. 이럴 때는 실물화상기를 카메라처럼 사용하여 학생들의 모습을 TV로 나오게 하면 다른 학생들에게 잘 전달할 수 있어요. 발표하는 학생들도 TV 속 주인공이 된 듯하여 조금 더 적극적이고 활동에 흥미를 갖고 참여하는 것을 볼 수 있어요.

그림책을 만들 때는 충분한 브레인스토밍 시간이 필요해요.

보통 그림책과 달리 학급 학생들과 그림책을 만들 경우에는 학급 인원수만큼 그림책 페이지가 만들어져요. 따라서 중복된 내용이 많아질 수 있어요. 학생들의 창의적이고 다양한 생각을 담기 위해서는 그림책을 만들기 전에 충분한 브레인스토밍을 통하여 다양한 내용의 활동 결과물을 표현할 수 있도록 하는 것이 좋아요.

모두 다 다른 모습이에요

추천 대상 : 1, 2학년

무리

히로타 아키라 (글·그림)
허하나 (옮김)
현암주니어 (2020년)

우리는 나이, 성별, 국가, 인종 등 사람을 무리 짓는 사회적 기준에 따라 수많은 무리에 속해 있습니다. 그리고 그 무리 속에서 소속감을 느끼며 타인과 같아지려고 노력하며, 나다움이라는 다양성을 잊어갑니다. 이 책에서는 다른 그림 찾기를 하듯 무리 속에서 조금 다른 모습을 한 '어라'를 발견할 수 있습니다. 여기에서 '어라'는 무리 속 다른 모습을 한 대상을 말합니다. '어라'를 발견하는 과정에서 우리가 잊고 지냈던 다양성이라는 가치를 다시 한번 일깨우도록 도와줍니다.
학생들은 다른 그림 찾기를 좋아합니다. 학생들에게 익숙한 다른 그림 찾기를 하듯 무리 속에서 '어라'를 찾으며 흥미를 느낄 수 있습니다. 그리고 무리 속에서 다른 모습을 하고 있는 존재는 사실 '어라'만이 아님을 발견할 수 있습니다. 다시 유심히 보면 한 무리 속에서 같은 존재는 존재하지 않습니다. 같아 보였지만 모두 다르다는 것을 발견하며 모든 존재의 다양성을 느낄 수 있습니다.

그림책 활동

1. '나'의 무리를 생각그물로 표현하기 학습지⬇

읽기 전 활동으로, 내가 속한 무리를 생각그물로
표현해 봅니다. 학교, 학년, 반, 가족, 성별, 나라,
나이 등 자신이 많은 무리에 속해 있다는 것을 알
수 있습니다. 그리고 세상에는 다양한 무리가 있
다는 것도 알 수 있습니다.

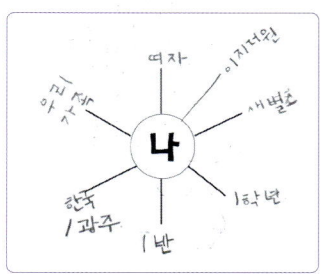

2. 다른 그림 찾기 학습지⬇

무리 속 '어라'를 찾아보고, 활동지에서 선으로 잇고 정리합니다.

[무리와 어라]

무리	어라	무리	어라
양	털이 없다.	외계인	삐뽀뿌뽀삐
기린	목이 짧다.	투명 인간	투명하지 않다.
물고기	뼈밖에 없다.	빗방울	누군가의 눈물이다.
새	뛰어간다.	천둥	말랑말랑하다.
똥	무지개 색이다.	꽃	꽃봉오리이다.
유령	발이 있다.	개미	더듬이가 꼬불꼬불하다.

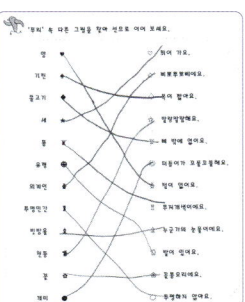

3. 여러 무리 속 모든 존재가 다름을 발견하기

여러 무리 속에서 '어라'를 찾아보았지만, 자세히 살펴보면 '어라' 외에도 다른 모습을 한 존재가 많이 있습니다. '어라'가 좀 더 다른 모습일 뿐 모든 존재가 크기, 무늬 등이 다르다는 것을 발견할 수 있습니다. 책에 나온 열두 개의 무리를 살펴보아도 좋고, 어느 한 무리만 선택하여 살펴보아도 좋습니다.

4. 우리 반 무리 속 나의 모습 그리기 `학습지`

어느 무리 속에 있는 존재도 똑같을 수는 없습니다. 다양한 모습 그대로를 인정하고 존중해야 합니다. 우리 반 무리 속 나의 모습을 그리며 우리 반 친구들이 모두 다름을 느낄 수 있습니다.

그림책 수업 팁!

포스트잇을 붙여 집중력과 재미를 더할 수 있어요.

무리 속 '어라'를 설명하는 곳에 미리 포스트잇을 붙여두거나, 책 오른쪽의 그림만 보여줄 수도 있어요. 이렇게 책의 일부만 보여주고 '어라'를 발견할 수 있도록 하면, 학생들이 더 집중하여 찾고 그림책 읽기에 흥미를 높일 수 있어요. 개미 무리처럼 찾기 힘든 부분에서는 살짝 힌트를 제공하는 것도 좋아요.

배경 음악과 함께 활동해도 좋아요.

나의 모습 그리기 활동 중 배경 음악으로 '모두 다 꽃이야. (류형선 작사, 작곡)' 노래를 들려주거나, 활동 후 노래를 함께 불러도 좋아요.

마지막에 표지 괄호를 채워요.

활동이 끝난 후 활동지 표지의 '모두 다 (   ) 모습이에요.'의 '다른'을 쓰며 마무리해요. 괄호 안에 낱말 넣기는 학생들의 창의적인 생각, 내면의 생각을 알 수 있는 활동이에요. 교사가 알려주는 답이 아닌 학생들의 생각이 자연스럽게 도출될 수 있도록 앞 활동과 연관하여 발문하면 좋아요.

편견과 공포에서 그들을 구한 것은?

추천 대상 : 전 학년

벌집이 너무 좁아!

안드레스 피 안드레우 (글)
킴 아마테 (그림), 유 아가다 (옮김)
고래이야기 (2022년)

언젠가부터 비좁게 느껴진 벌집. 협동에 특화된 벌들은 무엇이 문제인지 기나긴 토론과 조사를 통해 그 원인을 밝혀냅니다. 바로, 벌집 안에 들어온 한 마리의 침입자 꿀벌! 그때부터 벌집 안은 아수라장이 되고 맙니다. 꿀벌들은 침입자 벌이 어딘가에서 지저분하게 씻지도 않고 지내고 있을 거라는 둥, 우리에게 병을 옮길지도 모를 거라는 둥, 근거 없는 소문으로 인해 서로를 의심하게 되고, 결국 공동체는 혼란에 빠지게 됩니다.

눈치채셨겠지만, 이 그림책은 외국인 이주자에 대한 편견을 꼬집고 공존하는 방법을 이야기하고 있습니다. 꿀벌들은 이 문제를 어떻게 해결했을까요? 그 과정을 유쾌하고 따뜻하게 그려낸 그림책 '벌집이 너무 좁아!'를 읽으며 관용과 포용의 미덕을 이야기하고자 합니다.

그림책 활동 ---

1. 꿀벌 땡! 놀이

그림책을 읽기 전에 그림책의 표지와 제목을 읽고 무엇에 관한 내용일지 예상해 봅니다. 그리고 꿀벌의 특성을 이해하고, 그림책의 내용에 몰입하기 위해 직접 '꿀벌'이 되어보는 시간을 갖습니다. 일벌, 수벌, 여왕벌을 소개하고 먹이를 만나면 어떻게 춤을 추는지 꿀벌의 의사소통 방법을 알아보고 어떤 벌을 하고 싶은지 정하여 각각의 포즈를 정합니다. 처음에는 교사의 신호(우드블록)에 따라 서로 돌아다니며 인사를 나눕니다. 이후에 '얼음 땡! 놀이'를 변형한 '꿀벌 땡! 놀이'를 즐깁니다. 술래에게 잡힐 것 같으면 자기 팀이 정한 포즈로 얼음이 됩니다.

2. 침입자를 찾아라!

그림책을 읽으며 어떤 일이 생겼는지 함께 살펴봅니다. 벌집이 좁아진 이유가 바로 침입자 때문이라는 것을 밝혀낸 조사관! 친구들과 함께 숨어있는 침입자를 찾는 놀이를 해 봅니다. 학생들은 꿀벌이 되어 동그랗게 모여 앉아 침입자에 대해 어떤 소문이 퍼지고 있는지 추측합니다. 그리고 조사관을 뽑아 가운데에 앉고 눈을 감도록 합니다. 조사관이 눈을 감은 사이 나머지 학생들은 양손을 뒤로 한 채 다 같이 노래를 부르며 시계 방향으로 물체를 전달합니다. 가벼운 공이나 한 손에 쥐기 쉬운 물체가 좋습니다. 노래가 끝나면 물체 전달을 멈추고, 마지막에 물체를 가진 사람이 침입자가 됩니다. 조사관은 눈을 뜨고 침입자를 찾아봅니다.

3. 새로운 꿀벌을 위한 새로운 방 만들어주기 　학습지

결말 장면을 읽기 전에, 꿀벌들이 서로 침입자인지 의심하고 갈등하는 가운데 여왕벌은 어떤 해결책을 내놓았을지 함께 예상해 봅니다. 꿀벌의 지도자인 여왕벌은 우리는 모두 다 같은 꿀벌이고, 늘어난 꿀벌 때문에 다투지 말자고 중재합니다. 그리고 꿀벌이 많은 게 아니라, 방의 개수가 모자랐던 것은 아닌지 되물으며 생각의 전환을 보여줍니다. 여왕의 제안에 따라 기쁜 마음으로 새로운 꿀벌을 위한 방을 만들기로 한 꿀벌들. 꿀벌의 입장이 되어 구체적으로 어떤 물건들이 필요할지 생각하는 시간을 갖습니다. 그리고 새 꿀벌이 편하게 쉴 수 있는 따뜻한 공간을 만들어 봅니다.

4. 새로운 꿀벌에게 필요한 것은 무엇일까요? 학습지

그림책의 마지막 장면의 글과 그림은 그동안 꿀벌들의 관심사였던 침입자에 대해 서로 다른 메시지를 전해줍니다. 함께 이 장면을 보고, 침입자는 어떤 상태인지 살펴보면서 그에게 어떤 물건과 도움이 필요할지 토의합니다. 새 꿀벌에게 나는 법을 알려주고 싶다는 의견과 함께 외국에서 온 것 같다며 한국말을 가르쳐주고 싶다는 학생들이 많았습니다. 그림책에 나오는 침입자 꿀벌을 통해 자연스레 학생들은 외국인 이주자를 떠올리고, 같은 반에 있는 외국인 친구들을 떠올렸습니다. 그 후 각자 학습지에 내용을 정리하여 적어보고, 새로운 가족이 된 꿀벌에게 하고 싶은 말도 써 봅니다. 학생들이 새로운 벌에게 쓴 편지에는 적대감이 아닌, 걱정과 염려 그리고 사랑이 담겨있습니다.

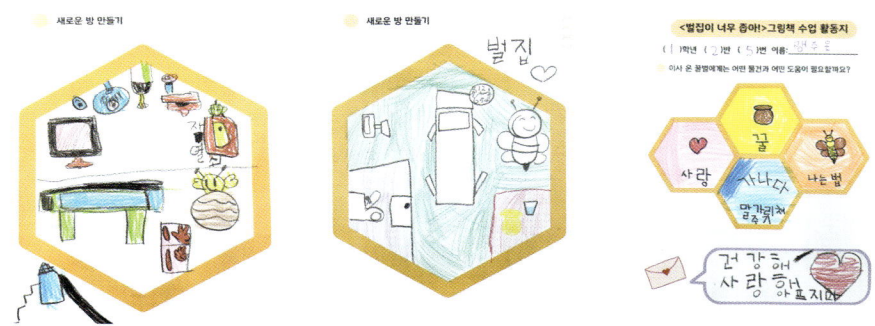

꿀벌 땡! 놀이할 때 훌라후프를 미리 준비해요.

술래에게 잡힐 것 같을 때 훌라우프 안에 들어가도록 하면 누가 얼음 상태인지 알아차리기 쉬워요. 그리고 다양한 사건과 갈등을 풀어가는 내용의 특성상 그림책을 중간중간 끊어서 읽고 활동하기를 추천해요. 침입자를 찾는 놀이를 할 때 극적 긴장감을 주기 위해 꿀벌들이 침입자 꿀벌이 누구인지 궁금해하고, 걱정하는 장면까지 읽고 활동하세요. 또한 침입자의 정체가 밝혀지는 마지막 장면은 살짝 포스트잇으로 그림을 가린 후에 학생들과 함께 추측하고, 맞혀 보도록 하시면 학생들이 더욱 몰입을 해요.

모두 각자의 색으로 빛나는 세상

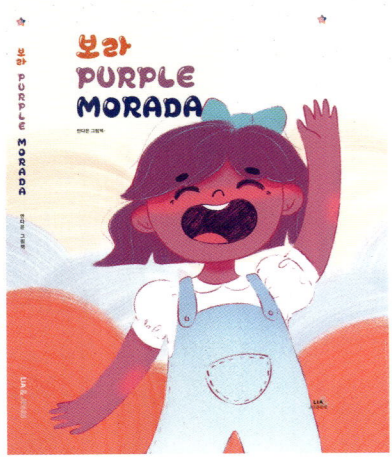

추천 대상 : 전 학년

**보라
PURPLE
MORADA**

안다은 (글·그림)
리아앤제시 (2022년)

"너는 어느 나라 사람이니?" 누군가 가볍게 던진 이 질문은 한 아이를 무거운 외로움에 휩싸이게 합니다. 아이는 한국에서 태어나 한국의 학교에 다니고 한국말을 하지만, 겉모습이 다르다는 이유로 낯선 시선을 받곤 합니다. 10살의 아이가 마음을 꾹꾹 눌러 담아내었던 그림들은, 오랜 시간을 살아내어 '보라 PURPLE MORADA'라는 그림책으로 완성되었습니다. 이 그림책은 지금 여기에 함께 있음에도 늘 어디에서 왔는지를 애써 설명해야만 하는 수많은 '보라'에게 위로와 존중을 건넵니다.
우리는 서로를 구분 짓고 무리 짓는 것에 아주 익숙합니다. 그 과정에서 상대의 마음을 헤아리지 못한 서툰 질문들을 함부로 내뱉는 경우도 흔히 벌어지곤 합니다. 학생들과 그림책을 함께 읽으며 상대의 마음을 깊이 들여다보고 존중하는 태도에 대해 생각해 보려고 합니다. 우리는 각자 다른 빛깔을 가지고 있습니다. 그러한 우리가 서로를 이해하고 함께할 때 더 반짝반짝 빛날 수 있을 것입니다.

그림책 활동

1. 그림책 표지 살펴보며 질문하고 답하기 학습지

그림책 표지의 글과 그림을 살펴보며 "보라, PURPLE, MORADA의 의미는 무엇일까요?", "주인공은 어떤 감정을 느끼고 있을까요?", "주인공은 무엇을 하고 있을까요?" 이와 같이 세 가지 질문에 답하는 시간을 갖습니다.

칠판에 그림책 표지와 질문을 크게 게시하여 포스트잇에 자기 생각을 적어 붙여보는 전체 활동을 진행할 수도 있고, 개별 활동지를 사용할 수도 있습니다. 글쓰기를 어려워하는 저학년의 경우에는, 주인공 표정과 동작 따라 하기, 주인공이 하고 싶은 말 상상해 보기 등 행동과 말로 표현하는 활동으로 대체할 수 있습니다.

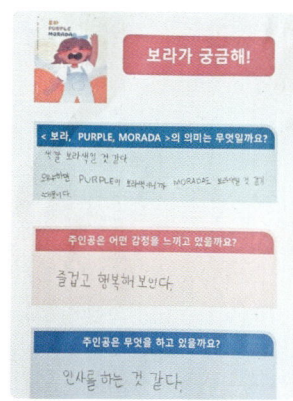

그림책 앞표지 속 '보라'는 반갑게 웃으며 인사를 건네고 있습니다. 그림책을 끝까지 읽고 난 후, 그림책 뒤표지를 보여주시면 좋습니다. 그림책 뒤표지에는 각자의 색으로 빛나는 다양한 친구들이 '보라'와 인사를 나누고 있습니다.

2. '알록달록 탁구공 마을' 만들기

그림책 표지 속의 보라는 각자의 색으로 빛나는 여러 친구에게 반갑게 인사를 건네고 있습니다. 보라와 함께 인사할 알록달록 탁구공 친구들을 만들어 봅니다. 다양한 색깔의 무지 탁구공에 유성 매직으로 방긋 웃는 얼굴을 그려줍니다. 완성한 탁구공 친구들을 달걀판에 한가득 모아봅니다. 모두가 각자의 색으로 빛나고, 그 누구도 외롭지 않은 알록달록 탁구공 마을을 완성합니다.

❶ 무지 탁구공과 달걀판 준비하기

❷ 무지 탁구공에 얼굴을 그려 넣기

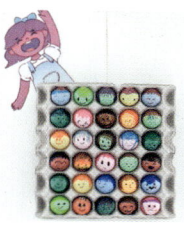
❸ 달걀판에 탁구공을 테이프로 고정하기

❹ 벽에 전시하여 작품 감상하기

 그림책 수업 팁!

질문에 대한 답은 맞고 틀린 것이 중요하지 않아요.

그림책의 내용과 다른 방향의 답이어도 학생들의 생각을 넓게 열어주는 데 도움이 될 수 있어요. 엉뚱한 대답이 나오더라도 귀 기울여 들어주시면, 더 다양한 이야기들이 쏟아질 거예요.

'알록달록 탁구공 마을'은 교실에 게시하여 감상하도록 해주세요.

스카치테이프를 바깥쪽으로 둥글게 말아서 달걀판 칸 안쪽 옆면에 붙인 후, 그 안에 탁구공을 쏙 넣으면 쉽게 고정이 돼요. 탁구공이 가볍기 때문에 고정과 해체가 간단합니다. 완성된 탁구공 마을은 교실 벽의 가장 환한 곳에 작품으로 게시해 주세요.
이 그림책은 작가님이 10살 때 그렸다고 해요. 같은 또래인 우리 학생들도 자기 작품을 소중히 대하고 감상할 수 있도록 해주세요. 우리 학생들이 서로의 작품을 감상하며 보라의 마음을 느낄 수 있을 거예요.

알록달록 탁구공은 이후에 뽑기 공으로 재사용할 수 있어요.

작품 감상이 끝난 탁구공들은 쉽게 해체할 수 있어요. 학생 이름을 원 스티커에 직접 적거나 라벨프린터로 예쁘게 인쇄하여 탁구공에 붙여주세요. 다양한 교실 활동에서 뽑기 공으로 활용할 수 있어요. 학생들이 직접 만든 뽑기 공이어서 더 의미 있고 즐거운 활동이 될 거예요.

아름다운 우리들의 빛깔

추천 대상 : 3~6학년

살색은 다 달라요

캐런 카츠 (글·그림)
신형건 (옮김)
보물창고 (2011년)

일곱 살인 레나는 엄마와 함께 산책하며 다양한 사람들의 서로 다른 살색을 보게 됩니다. 내 살색은 계피 색, 친구 소니아의 살색은 땅콩버터 잼 색, 이자벨의 살색은 컵케이크 색, 미나의 살색은 벌꿀색 등 사람들의 살색에서 살색과 비슷한 음식을 각각 떠올려 보며 살색을 새로운 관점으로 바라보게 됩니다.
그림책을 통해 나와 다른 살색은 틀린 것이 아닌 그저 다른 것일 뿐임을 깨닫게 됩니다. 서로 다른 살색이지만 저마다 아름다운 빛깔임을 확인하고, 서로를 특별하게 여기는 마음을 배울 수 있게 될 것입니다.

그림책 활동

1. 나는 누구일까요? PPT 학습지

이 활동은 그림책을 읽기 전에 하는 활동으로 빨간 과일 하면 떠오르는 것은 사과, 노란 과일 하면 떠오르는 것은 바나나 등 기존에 학생들이 가지고 있는 색에 대한 고정관념을 확인하는 활동입니다. 각 주제어에 대한 색을 3~4가지 보여주고, 떠오르는 생각을 학습지에 적어보도록 합니다. 각 주제어의 3~4가지 색이 하나의 과일, 꽃, 동물을 나타낸 것임을 확인하며, 우리가 가지고 있는 색에 관한 고정관념에 대해 생각해 봅니다. 당연하다고 생각했던 것들이 정답이 아닐 수도 있음을 확인하는 활동은 아이들에게 신선한 충격을 줄 수 있습니다.

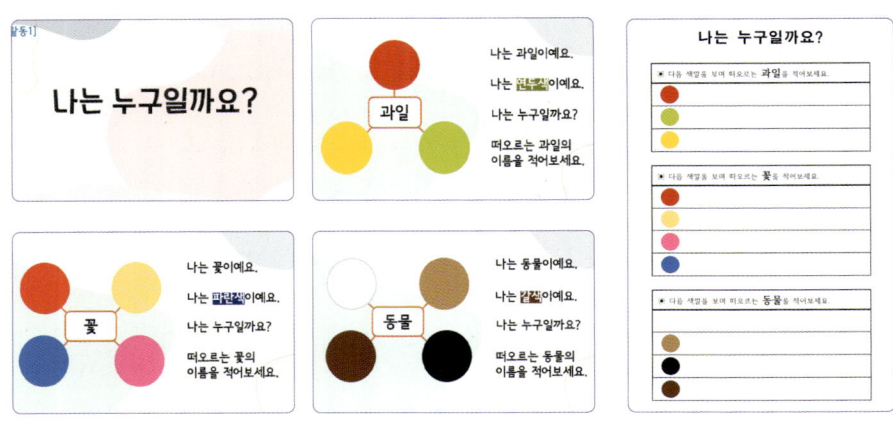

2. 그림책 읽고, 살색을 다양하게 표현해 보기

그림책을 읽으며, 주인공 레나가 만나는 사람들의 살색을 어떻게 표현하는지 살펴봅니다. 자신의 살색을 레나처럼 다양한 음식을 활용하여 재미있게 표현해 봅니다.

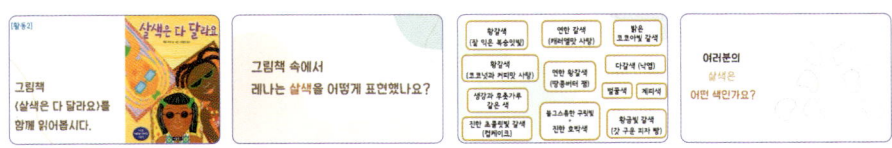

3. 아름다운 우리들의 빛깔 동영상 학습지

살색을 물감으로 다양하게 표현해 보는 활동입니다. 흰 도화지에 물감으로 연한 살구색부터 진한 갈색까지 물의 농도와 물감의 양을 조절하여 그러데이션으로 표현합니다. 마른 작품 위에 OHP 필름을 붙이고 사람 얼굴을 그려봅니다. 연한 살구색 위에 그려진 사람, 황토색 위에 그려진 사람, 갈색 위에 그려진 사람을 표현해 봅니다. OHP 필름 위에 글씨를 프린트해서 주어도 좋고, 학생이 직접 네임펜으로 다양한 피부색에 대한 자기 생각을 적어도 좋습니다.

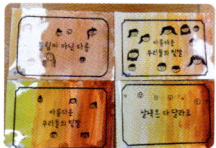

 그림책 수업 팁!

학습지 대신 개인용 칠판을 이용해도 좋아요.

[1. 나는 누구일까요?] 활동에서 학습지 대신 개인용 칠판을 이용할 수 있어요. 주제어에 대한 색을 보고 떠오르는 생각을 바로 개인용 칠판에 적어 발표하면, 학생들의 생각을 바로 확인할 수 있어요.

물감 대신 마커펜을 활용할 수 있어요.

[3. 아름다운 우리들의 빛깔] 활동은 물감으로 다양한 피부색을 표현할 수 있어요. 하지만 이 활동을 원활하게 진행하기 위해서는 3~6학년 미술 수채화의 기본적인 채색 방법을 먼저 배워야겠지요. 만약 수채화 수업이 어렵다면, 물감 대신 마커펜을 이용하여 다양한 피부색을 표현하는 방법도 있어요.

서로 다른 샌드위치로 알아가는 문화 다양성

추천 대상 : 3~6학년

샌드위치 바꿔 먹기

라니아 알 압둘라 왕비, 켈리 디푸치오(글)

트리샤 투사 (그림)

신형건 (옮김), 보물창고 (2011년)

다른 문화권에서 태어나 학교에서 만난 셀마와 릴리. 이들은 둘도 없는 단짝이지만 다른 샌드위치를 먹는 상황을 마주하며 갈등을 겪습니다. 서로의 샌드위치를 먹어보기도 전에 비난하고 이것이 학교 전체의 싸움으로 번지면서 갈등은 더욱 커지게 됩니다. 이 둘은 화해를 할 수 있을까요?

이 책을 통해 학생들과 다른 문화에는 어떤 것이 있는지 이야기를 나눠보고자 합니다. 또한 다름을 이해하려고 하지 않고 바꿔야 하는 것, 이상한 것으로 받아들일 때 어떤 갈등이 발생하는지 생각해 보며 내가 지녀야 하는 올바른 태도도 생각해 볼 수 있습니다.

그림책 활동

1. 책 표지 음미하기

책을 읽기 전 학생에게 주어지는 교사의 발문은 그림책을 올바른 방향으로 접근하도록 돕습니다. 학생들이 다문화적 요소에 집중하도록 유도해야 합니다. 아래는 발문 예시입니다.

☐ 1. 책 표지에 나오는 두 등장인물은 어떤 관계일까요?
☐ 2. 두 인물의 공통점과 차이점을 찾아보세요.
☐ 3. 등장인물들은 왜 샌드위치를 바꿔 먹었을까요?

2. 주인공의 마음을 느껴라! `학습지`

셀마와 릴리가 서로의 샌드위치를 좋지 않게 바라본 이유는 그 음식이 자신에게 익숙하지 않았기 때문입니다. 학생들은 책을 읽은 뒤 이 활동을 통해 후무스와 땅콩버터 잼을 직접 맛보게 됩니다. 그리고 자신이 느낀 맛을 적어봅니다. 그저 맛있다. 맛없다를 나누는 것이 아니라 후무스 / 땅콩버터를 음미하며 장점과 단점을 찾아봅니다. 맛을 구체적으로 적은 뒤에는 짝꿍 또는 모둠 친구들과 팀을 나누어 상대 음식의 단점만 늘어놓습니다. 이 과정을 통해 누군가 나의 문화를 비난하면 어떤 기분일지 느껴봅니다. 이후에는 서로의 음식에 대한 장점을 이야기해 줍니다. 이때에는 어떤 기분이 드는지 느껴보며 그림책에 몰입할 수 있습니다.

3. 음식 말고 다른 문화에는 어떤 것이 있을까? 학습지

다문화적 요소에는 무엇이 있는지 사고를 확장하는 활동입니다. 먼저 주제를 나누기 전에 다문화적 요소에는 어떤 것이 있는지 생각해 봅니다. 인종, 의상, 인사법 등 여러 주제가 나오면 모둠의 수만큼 추린 뒤 한 모둠 당 한 주제를 담당하도록 합니다. 모둠원은 자신이 맡은 주제를 보고 다른 나라를 조사한 뒤, 보기 쉽게 그림으로 표현합니다. 이후에는 친구들에게 간단하게 소개하는 시간을 가집니다.

그림책 수업 팁!

팀을 나눌 때는 가위바위보 등 랜덤으로 정해요.

[2. 주인공의 마음을 느껴라!]의 목적은 학생들이 직접 셀마와 릴리가 되어보는 거예요. 먼저 후무스와 땅콩버터 잼을 맛보는 과정만으로 학생들은 낯선 음식을 이해하는 것이 어려운 일이라는 것을 느낄 수 있어요. 자연스럽게 후무스 파, 땅콩버터 잼 파가 나뉘게 되지만 역할극에서는 개인의 선호도가 반영되지 않도록 랜덤 요소를 활용해 주세요. 자신이 좋아하지 않는 맛을 옹호하거나 좋아하는 맛을 비난받아 보며 다른 문화를 이해하지 않고 비난할 때 생기는 갈등을 느낄 수 있어요.

한국이 아닌 다른 나라를 조사하고 작성해요.

[3. 음식 말고 다른 문화에는 어떤 것이 있을까?]에서 세계 여러 나라 포스터를 제작할 때 학생들이 이미 잘 알고 있는 한국의 문화와 정보는 교사가 예시로 제공해 주세요. 이번 활동의 목적은 학생이 여러 나라의 서로 다른 문화를 조사하고 소개하는 것이에요. 이때 다른 나라에 대한 정보는 숙제로 조사해 오도록 하여도 좋지만 태블릿 PC를 활용하여 조사할 수 있도록 하는 것도 좋은 방법이 됩니다.

우리가 모두 달라서 정말 감사해

추천 대상 : 4~6학년

컬러풀 월드

시시 와이넌스, 키스 토머스,
앨빈 러브 3세 (글)
멜로디 스트롱 (그림·만화)
김현좌 (옮김), 세용출판 (2010)

'컬러풀 월드'는 그래미상을 6번이나 수상한 가수 시시 와이넌스가 부른 노래를 담은 그림책입니다. 전 세계의 다양한 피부색과 외모를 가진 구성원들이 모여 우리의 삶이 더욱 풍성하고 아름다워진다는 메시지를 전달합니다. 가사에는 '우리가 사는 세상은 정말 다채로워. 우리가 사는 세상은 정말 아름다워.'라는 말을 반복합니다. 눈이 즐거워지는 풍부한 색감의 삽화와 공감 가는 내용의 이야기 전개를 통해, 이 책은 다양성이 인정되어야 하는데 그치지 않고 서로 다름에 감사하며 살아야 한다는 중요한 메시지를 심어줍니다. 문화적 다양성은 우리의 현실 너머에 있는 개념이 아닙니다. 우리 주변에서도, 우리의 교실에도 빈번하게 발견할 수 있고 학생들의 삶 속에 반영되어 있습니다. 다문화 교육을 확장하면 결국 다양성을 인정하고 포용하는 삶의 태도를 배우게 됩니다. 학생들의 작은 사회인 교실에서, 그리고 그들의 삶의 현장에서 긍정적이고 포용적인 가치관을 조성하는 데 도움이 될 것으로 기대합니다.

그림책 활동

1. 우리 마음속의 편견, 잘못된 생각 확인하기 `학습지`

그림책의 처음에 나오는, '머리카락을 염색하고 코걸이를 한 친구'에 대하여 이야기를 나누어 봅니다. 학생들에게 예시로 사진을 보여준 뒤 이야기를 열어가는 것이 효과적입니다. 그리고 그림책에 나오는 피부색이 달라 부당한 대우를 받았던 소년을 보고 어떤 생각을 했는지 생각해봅니다. 한국에서는 나와 비슷한 사람이 다수가 되지만, 내가 말이 서투른 외국에서 생활한다면 나는 어떤 기분일지 처지를 바꾸어 생각해 봅니다. 생각을 조금 더 잘 끌어내기 위하여 내가 외국의 학교로 어느 날 갑자기 가게 된다면? 이라는 가상의 상황을 설정해주는 것도 좋습니다. 이 활동은 모둠 친구들끼리 생각을 자유롭게 나눈 뒤에 자기 생각을 정리하는 활동입니다. 의견을 나누는 시간과 생각을 정리하는 시간을 타이머로 정해주는 것을 추천합니다.

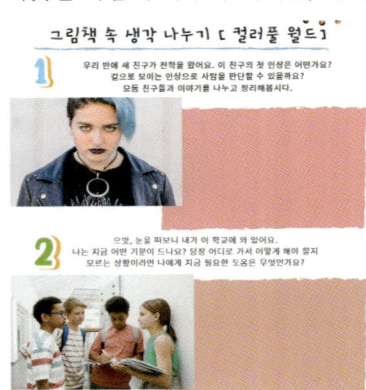

2. 그림책의 마음에 남는 한 문장 책갈피 만들기

이 그림책은 노래 가사를 통해 이야기를 이끌어 가는 특성이 있습니다. 이야기를 들려주는 동화책보다는 함축적인 의미를 간결하게 표현하고 있습니다. 그림책 내용을 같이 한 문장 한 문장 읽어보고 내 마음에 드는 문장을 골라 책갈피로 만들어 봅니다. 책갈피로 문장 만들기 활동은 그림책의 내용을 천천히 읽으면서 작가가 의도한 문장의 뉘앙스를 다시 한번 생각할 수 있다는 점, 그리고 책갈피로 만들었을 때 자신만의 내재화를 하며 활동 이후에도 책갈피를 볼 때마다 그 감정을 되살릴 수 있다는 점에서 독후 활동으로 강력하게 추천하는 활동입니다.

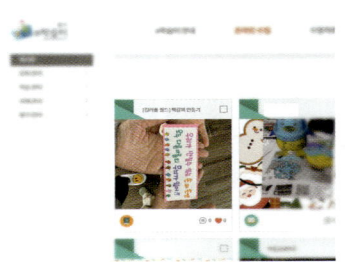 

3. 우리의 생각을 널리 전해요.

이 책은 서로 달라서 세상이 더욱 풍요롭다고 말합니다. 이러한 가치를 전달하기 위해 자신이 만든 책갈피의 문구를 개인 SNS나 학급 홈페이지에 사진을 올려 전파하는 활동을 합니다.

그리고 교사는 다양한 나라의 친구들에게 다양한 언어로 이야기하는 방법을 소개합니다. 태블릿이나 컴퓨터를 이용해서 파파고 번역기로 내가 알리고 싶은 말을 다양한 나라의 언어로 번역해 봅니다. 파파고의 듣기 기능을 이용하여 실제로 외국어로 뭐라고 말하는지 듣고 따라 해보는 것도 좋습니다. 조금 더 컴퓨터나 태블릿 사용 역량이 뛰어난 학생들은 AI 프로그램의 도움을 받아 번역을 해보는 경험도 추천합니다.

그림책의 원작이 되는 노래를 들어봐요.

활동 1은 자기 생각을 나누고 기록을 하는 활동이라 학생들이 집중하는 분위기를 조성하는 것이 좋아요. 집중을 돕는 많은 노래가 있지만, 그림책의 가사가 되는 노래 'colorful world'를 배경음악으로 잔잔하게 틀어주면 좋아요. 이 노래가 어떤 노래인지 미리 설명을 해 주고 틀어준다면 그림책과 관련성이 있어 학생들이 더욱 집중할 수 있을 거예요. 유튜브나 음원을 들을 수 있는 사이트에서 가수 'CeCe Winance' 그리고 노래 제목은 'Colorful world'로 검색하면 들을 수 있어요.

보이지 않는 선을 찾아보는 이야기

추천 대상 : 4~6학년

이 선이 필요할까?

차재혁 (글), 최은영 (그림)
노란상상 (2020년)

"이 선은 넘어오지 마! 형은 거기서만 놀아!" 주인공과 함께 놀던 동생은 갑자기 나타난 선 하나에 맘에도 없던 말을 툭 던집니다. 주인공은 도대체 이 선이 어디에서 왔는지 궁금해집니다. 주인공이 무작정 떠난 선을 따라가는 여정에 참여하면서 다양한 장소, 다양한 존재들 사이에 놓인 선을 만나게 됩니다. 그리고 스스로 묻게 됩니다. '이 선이 정말 필요할까요?'

우리는 세상의 편견과 차별은 쉽게 이야기하지만, 자신의 발아래 있는 선은 발견하지 못합니다. 이 그림책은 형과 동생이라는 작은 관계에서 시작해서 세상에 존재하는 편견과 쓸모없는 기준을 '선'을 통해 선명하게 보여줍니다. '다문화 교육'은 여러 교육자료가 차별금지로 다름을 이해시키는 한계점이 있습니다. 주인공처럼 선을 감으며 연결을 시도하는 장면에서 더욱 열린 시각으로 다양성 감수성을 기르길 소망합니다.

그림책 활동

1. 선을 만들어서 친구와 마주 선 느낌 나누기 학습지

책을 읽기 전 두 사람을 앞으로 나오게 한 다음 색 테이프나 줄넘기 등 다양한 선을 이용하여 그 사이를 나눕니다. 어떤 생각이나 느낌이 드는지 물은 뒤, 인원수나 위치를 바꾸며 3~4번 더 반복하고 소감을 나눕니다. 그리고 이 모습을 관찰한 학생들의 생각과 느낌도 묻습니다. 좋은 점만 이야기하거나 너무 불편한 점만 나오면 생각이 다른 학생도 있는지 물어보고 다양한 생각을 나누게 합니다.

 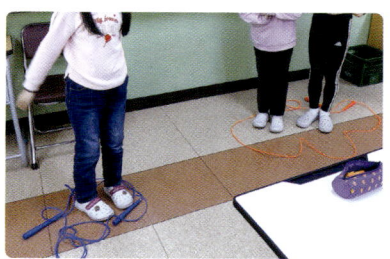

2. 그림책 돋보기 학습지

이 책은 글자보다는 그림으로 독자를 대화에 초대합니다. 그래서 사람마다 다양한 해석이 가능하지만, 휙 읽고 덮기 쉬운 책입니다. 책을 읽으며 충분히 생각을 나누도록 모둠별로 그림책을 한 권씩 주고 한 장면을 고르도록 합니다. 그 장면에서 좋은 점과 불편한 점을 모둠에서 이야기 나눈 뒤 발표하면 생각을 깊게 나눌 수 있습니다. 모둠 활동 및 발표 후에 학습지에 자기 생각을 적었습니다. 자기 모둠에서 나눈 이야기를 그대로 쓰기보다는 여러 이야기를 듣고 생각을 좀 더 분명히 드러내길 바라는 마음이었습니다.

3. 선을 발견한 사람들 찾기 학습지

그림책의 마지막 장면엔 세상의 다양한 사람들, 외국인과 장애인, 심지어 동물과 외계인까지 선을 잡고 있습니다. 주인공처럼 선의 존재에 대해서 궁금하거나 다른 사람과 연결되기 위해 용기 내는 모습이라고 생각합니다. 어떤 사람들이 선을 잡았는지 찾아보고 가장 격려하고 싶은 사람을 골라 그림으로 나타낸 뒤, 이유를 적어보았습니다. 또 주황색 그림은 자신이라고 생각하고 말 주머니에 마음을 담았습니다. 외국인 차별 사례로 예시를 들어주었는데, 학생들은 장애인, 동물실험, 북한 사람 등등 다양한 인물을 선택했습니다. 결과물이 수업의 목적과 통했다고 생각합니다.

구체적인 상황에서 질문해 주세요.

첫 번째 활동에서 학생들은 선생님이 만든 선을 넘지 못하고 우왕좌왕하거나, 누군가 친구를 생각하는 마음에 갑자기 선 안으로 잡아당기는 등 여러 가지 모습을 보였어요. 대부분 선을 함부로 넘지 못하고 자신을 가두는 걸 볼 수 있었죠. "아무도 그 선을 넘지 말라고 하지 않았어." 이 말에 학생들은 놀랐어요. 하지만 보이지 않는 선, 편견이나 따돌림의 선도 그렇다고 연결 짓는 것까진 학생들 수준이나 시간상 무리였어요. 이 책은 한 시간 동안 소화하긴 어렵지만 의미가 있었어요. 학생들의 여러 구체적 상황에서 학생들이 서로의 선을 넘을 때, 선을 그을 때, 선을 마주 잡는 순간에 알아차리도록 지도해 나가면 좋을 것 같아요. "그 선이 정말 필요하니?" 질문하면서요.

외국인이 나와 가족이 된다면?

추천 대상 : 전 학년

이모의 결혼식
선현경 (글·그림), 비룡소 (2004년)

'나'는 이모의 결혼식 들러리를 하러 그리스로 떠납니다. 낯설고 이질적인 그리스가 '나'의 눈 앞에 펼쳐집니다. 낯선 그리스 교통, 바닷가에서 밤새 춤을 추는 낭만적인 피로연, 얼굴은 하얗고 눈은 파란, 한국말을 잘 못하는 이모부!
'이모의 결혼식'은 '만약 외국인이 내 가족이 된다면 어떤 기분이 들까?'라는 새로운 발상으로 우리를 이끌어 주는 책입니다. 지금 우리 학생들에게 가장 가까운 외국인은 학교·학원의 원어민 선생님이거나 TV 속 한국말을 잘하는 외국인 방송인 등 다소 먼 곳의 인물일 수 있습니다. '이모의 결혼식'에서는 외국인이 이모부가 되었다는 설정으로 '가족으로서의 외국인'을 받아들일 수 있는지 스스로에게 물어보며, '나'와 '가족'의 일부로서의 다문화 사회를 생각해 볼 수 있게 해 줍니다.

그림책 활동

1. 결혼식 떠올리기

읽기 전 활동으로 학생들에게 이모나 삼촌의 결혼식에 가본 경험이 있는지 물어봅니다. 대부분의 학생은 결혼식에 다녀온 적이 있고, 예쁘고 멋진 이모나 삼촌을 추억하며 신나게 이야기합니다. 다음으로, 만약 결혼식이 외국에서 열려서 외국에 가야 한다면 어떤 기분일지 물어보면, 학생들은 비행기를 탈 생각에 더 기분이 좋아집니다. '이모의 결혼식'에 나오는 주인공은 이모의 결혼식에 들러리를 하게 되었고, 그리스에 가게 되었다는 설명을 해줍니다. 학생들은 자신이 주인공이 된 양, 설레는 기분으로 '이모의 결혼식'에 입장할 준비를 합니다.

2. 그림책에 나오는 이모부 살펴보기 [학습지]

'이모의 결혼식'에 나오는 이모부를 살펴봅니다. 나와 다른 이모부의 모습은 낯설고 어렵습니다. 배는 불룩하고, 키는 너무 크고, 얼굴은 하얗고, 눈은 파랗고, 한국말을 잘하지 못합니다. 학생들과 이모부나 고모부가 외국인이라면 기분이 어떨 것 같은지 이야기해보는 시간을 갖습니다.

3. 외국인에 대한 나의 생각이 어떤지 돌아보기 [학습지]

외국인에 대해 스스로 차별하지는 않는지 화살표의 ①~⑤까지의 수치로 자신에게 점수를 표시합니다. 이때, 칠판에 화살표를 그려주고, 포스트잇으로 자신의 위치를 표시해 보게 합니다. 그 후, 어떤 행동이 외국인 차별이라고 생각하는지 모둠별로 '돌아가며 말하기'로 자신의 의견을 말합니다. 학생들은 외국인이라고 버스를 안 태워주거나 새치기하는 것, 다른 사람한테는 친절하게 대하면서 외국인에게는 화를 내고 무례하게 대하는 것 등 다양한 생각을 나눕니다.

4. 한국말을 잘하지 못하는 외국인 전학생 도와주는 방법 찾기
[학습지]

학생들의 현실로 돌아와 적용해 보는 시간을 갖습니다. 만약 한국말을 잘하지 못하는 외국인 학생이 우리 반에 전학을 왔다면, 어떻게 도와줄 수 있을지 2가지 방법을 학습지에 적어보도록 합니다. 구체적으로 어떻게 도울 수 있을지 안내합니다. '학습면', '교우관계면', '한국어 도움면', '학교시설 안내면', '한국문화 이해면' 등 분야를 나누어 생각할 수 있도록 발문하는 것도 학생들의 생각을 구체화할 수 있는 좋은 방법입니다. 학생들의 답변은 다음과 같은 것들이 있었습니다. '영어를 배워서 영어로 간단한 대화를 한다.', '어려운 일이 있으면 언제든지 도와달라고 말하라고 한다.', '하루에 한 번 인사말을 건넨다.', '영어로 대화하면서 한국어를 알려준다.' 등 실질적으로 할 수 있는 일을 생각해 보았습니다. 이렇게 교실을 자유롭게 돌아다니며 새로운 친구를 만나서 다양한 의견을 들어보게 합니다. 남자아이 1명, 여자아이 1명, 원하는 친구 1명과 돌아다니며 의견을 나누고, 들은 내용을 발표하며 활동을 마무리합니다.

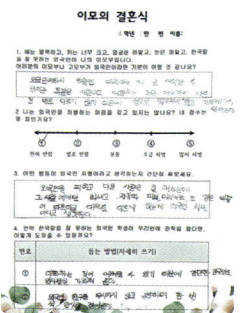

학년 특성에 맞게 본문을 간추려 읽어요.

저학년의 경우는 이모의 결혼식 본문 전체를 읽어주고, 4~6학년의 경우에는 중요한 부분만 간추려서 읽는 것도 학년 특성에 맞게 읽어주는 좋은 방법이 될 수 있어요.

학년에 따라 발문을 바꿔 그림책 수업을 진행할 수 있어요.

학년	새로운 수업 발문
저학년	• 이모의 결혼식이 있어서 외국에 가야 한다면 어느 나라로 가고 싶나요? • 우리나라에 가장 많이 와 있는 외국인은 어느 나라 사람일까요?
중·고학년	• 내가 어른이 되어 외국인과 결혼한다면 어느 나라 사람과 만나고 싶나요? • 그 이유는 무엇인가요?
중·고학년 조사학습	• 현재 우리나라에 있는 외국인 중, 가장 높은 비율을 차지하는 나라는 어느 나라일까요? • '다문화 청소년'은 어떤 학생들을 말하는 것인가요? • 다른 나라의 결혼식 문화를 조사해 봅시다.

CHAPTER 2
환경생태 교육

전 세계적으로 기후 위기와 환경문제는 매우 심각합니다. 미래를 살아갈 학생들이, 지속가능한 생태환경에 대한 책임감을 기르고, 동식물과 함께 더불어 살아가기 위해서는 환경교육이 꼭 필요합니다.
환경 관련 그림책을 통해 학생들은 환경에 관한 문제를 가까이 느끼고, 환경 보전을 위한 지식과 태도를 갖추어, 문제 해결을 위한 다양한 방법을 찾을 수 있을 것입니다.

모든 동물이 자유롭고 행복한 세상

추천 대상 : 1~4학년

내일의 동물원

에릭 바튀 (글·그림)
박철화 (옮김)
봄볕 (2019년)

수의사 잭은 일 년에 한 번, 동물원에 방문하여 동물들을 진찰합니다. 동물들은 좁은 울타리에 갇혀 자유를 잃어버린 채 절망하고 있습니다. 결국 수의사 잭은 동물들을 데리고 동물원을 빠져나가지만, 동물들이 본래 살던 터전은 이미 파괴되고 황폐해져 더 이상 갈 곳을 찾을 수가 없었습니다. 이 그림책은 자연을 꿈꾸는 동물들을 바라보며 서로 다른 두 가지 생각을 제시합니다. "어떻게 하면 동물원을 더 좋은 곳으로 바꿀 수 있을까?", "우리가 이 세상을 완전히 새로운 곳으로 만들면 어떨까?"

동물원은 어린 시절의 즐겁고 재미있는 추억이 깃든 곳입니다. 동물원에서 살아가는 동물들의 귀여운 모습에 많은 사람들이 환호하기도 합니다. 동물원에서 탈출했다 다시 돌아간 동물에 대해 재미있는 뒷이야기를 공유하며 미소 짓기도 합니다. 우리는 직접적으로 나쁜 행동을 하고 있진 않지만, 동물원을 함께 누리고 즐기며 살아가고 있습니다. 지금도 사람들은 동물들이 살아갈 수 있는 자연환경을 파괴하고 있으며, 이로 인해 동물들은 삶의 터전을 잃고 있습니다. 어떤 동물들은 사람들의 구경거리가 되기도 하고, 어떤 동물들은 실험에 이용되기도 하며 생을 마칩니다. 그림책 '내일의 동물원'을 읽으며 모든 생명이 자유롭게 행복을 누리며 더불어 살아가는 내일에 대해 생각해 보려고 합니다.

그림책 활동

1. '점점 좁아지는 울타리' 놀이하기

학생들과 함께 동물들의 마음에 공감해 보는 '점점 좁아지는 울타리' 놀이 활동을 진행해 보았습니다. 신문지를 두 장을 준비하고, 각각의 신문지 위에 학생들이 올라갑니다. 가위바위보를 하여 진 모둠의 신문지는 반으로 접어 공간을 좁게 만듭니다. 점점 좁아지는 신문지 위에서 친구들과 협동하여 오래 버텨보는 놀이입니다.

놀이 활동을 진행한 후, 우리가 울타리 속 동물들이라면 어떤 기분일지 이야기 나누어 봅니다. 신문지를 아무리 넓혀도 자유롭게 움직이긴 어렵습니다. 동물원 동물들에게도 넓고 편안한 울타리보다 자유롭게 살 수 있는 '자연'이 더 필요하다는 이야기를 나눕니다.

2. '자유로운 동물들' 선 캐처 만들기 학습지

그림책 속 동물들은 자유로운 내일을 꿈꾸고 있습니다. 동물 모양 선 캐처를 만들어 하늘과 자연 속에서 동물들이 자유롭게 뛰어놀 수 있도록 합니다. 완성한 선 캐처는 교실 창문에 붙여봅니다. 그렇게 하면, 하늘을 배경으로 자유롭게 뛰노는 동물들을 감상해 볼 수 있습니다. 오후 햇살이 교실에 들어올 때면, 교실 바닥에 알록달록 동물그림자가 비쳐 더욱 아름답습니다.

❶ OHP필름 아래에 동물 도안을 대고 네임펜으로 선 따라 그리기

❷ 유성매직으로 알록달록 색칠하기

❸ 외곽선에서 1cm 정도 여유를 두고 가위로 오리기

❹ 교실 창문에 테이프로 붙여서 하늘 배경으로 감상하기

 그림책 수업 팁!

동물권 관련 그림책 여러 권을 교실에 비치해 두고 수업하면 좋아요.

실제 수업에서는 '우리 여기 있어요, 동물원', '내일의 동물원'을 순서대로 읽은 후, '점점 좁아지는 울타리' 놀이를 진행하였고, '이상한 동물원' 팝업 북을 병풍처럼 길게 펼친 후, '자유로운 동물들' 선 캐처 만들기를 했어요. 각각 다른 형식으로 같은 이야기를 하는 세 권의 그림책을 갖고 수업을 하니, 더욱 풍성한 활동을 진행할 수 있었어요.

'점점 좁아지는 울타리' 놀이를 하는 경우, 안전사고에 유의해야 해요.

재미도 있고 배움도 있는 활동이지만, 너무 과열되면 학생들의 몸과 마음에 상처를 낼 수도 있어요. 혹시나 학생들이 넘어지더라도 다치지 않도록, 놀이 공간을 넓게 만들어서 안전사고를 예방해 주세요. 또한 학생들끼리 불편한 신체접촉이 우려되는 경우, 성별을 섞지 않고 모둠을 구성할 수도 있어요.

'자유로운 동물들' 선 캐처 만들기는 다양한 활동으로 변형하여 제시할 수 있어요.

레이저 프린터로 OHP 필름에 밑그림을 인쇄하여 나눠준다면, 밑그림 그리기 단계를 생략할 수 있어요. 그렇게 하면 만들기 시간을 줄이고, 좀 더 많은 선 캐처를 만들 수 있어요.
가위로 오린 동물 선 캐처에 나무젓가락이나 빨대를 붙여 손잡이를 만들 수도 있어요. 휴대용 선 캐처를 들고 야외로 나가면, 자연에서 자유롭게 뛰노는 알록달록 동물그림자를 감상할 수 있어요. 봉사활동과 연계하여 쓰레기를 주우며 환경보호에 대해 생각해 볼 수도 있어요.

유쾌하고 행복하게 생태 감수성을 키워요!

추천 대상 : 전 학년

농부 할아버지와 아기 채소들

현민경 (글·그림)
웅진주니어 (2021년)

학교에서 급식 지도를 하다 보면 채소가 들어간 음식을 편식하거나 아예 채소를 먹지 않는 학생들이 예전보다 더 많아졌음을 느낍니다. 바쁜 일상 속에서 많은 사람들이 패스트푸드, 배달 음식에 익숙해져 있어서일까요?

학생들에게 왜 먹지 않는지 물어보면 "안 먹어봤어요.", "맛이 이상할 것 같아요.", "그냥 보기만 해도 싫어요."라고 말하곤 합니다.

'자세히 보아야 더 예쁘다'는 시의 구절처럼 무엇인가를 좋아하려면 관심을 갖고 살펴보는 것부터 시작해야 합니다.

아기 채소 사랑에 진심인 한 농부 할아버지가 있습니다. 아기 채소들을 사랑과 정성으로 길러내는 유쾌한 농부 할아버지와 그 사랑을 먹고 무럭무럭 자라는 예쁜 채소들의 모습을 보면, 절로 웃음이 나고 기분이 좋아집니다. 이번 수업을 통해 학생들이 생태 감수성을 키우고, 환경을 살리는 실제 경험까지 이어지길 바랍니다.

그림책 활동

1. 농부 할아버지를 따라 덩실덩실

농부 할아버지와 채소들의 경쾌하고 즐거운 춤은 그림책을 읽는 내내 입가에 미소를 짓게 만듭니다. 그림책 속에서 '춤'은 사건을 만들기도 하고, 건강하고 행복한 할아버지와 채소들의 긍정적인 에너지를 표현하기도 한답니다. 모둠에서 농부 할아버지 역할을 정하고, 나머지는 아기 채소들이 되어봅니다. 음악에 맞춰서 할아버지를 따라 춤을 추다 보면 어느새 교실에는 웃음보따리가 펼쳐집니다.

2. 우리가 먹는 채소는 어떻게 생겼을까?

학생들과 함께 그림책 속에 나오는 채소들을 찾아본 후, 학교 텃밭으로 가서 상추, 고추, 토마토, 열무 등 채소들을 직접 살펴보는 시간을 갖습니다. 도시에 사는 학생들의 경우에는 더욱 채소를 직접 만져보거나 접할 기회가 적어 채소에 대해 막연한 거부감을 갖기도 합니다. 학생들이 실제 흙에 뿌리를 내리고 사는 채소들을 보고 나면 채소를 단순히 음식 재료가 아닌 생명을 지닌 존재로 대할 수 있습니다.

3. 채소 빙고 놀이 `학습지`

학생들과 함께 우리 학교의 급식 표를 보면서 채소가 들어간 음식을 찾아봅니다. 다 함께 브레인스토밍으로 채소 이름 대기 놀이를 할 수도 있습니다. 친구들이 말하는 채소 중에서 실제로 먹어본 적이 있는 채소부터 반대로 한 번도 못 보거나 이름을 들어본 적이 없는 채소가 있는지 살펴봅니다. 다양한 채소들의 이름을 빙고 칸에 골라서 적어본 후 반 친구들과 함께 채소 빙고 놀이를 합니다. 이를 통해 학생들은 채소를 눈으로 보고, 입으로 말하면서 채소에 대해 더 친숙해지고, 조금씩 채식에 열린 마음을 갖게 됩니다.

4. 지구와 나를 위해서! 음식을 남기지 않고, 골고루 먹기 학습지

급식 표에 나온 채소들을 살펴보고, 그중에서 자신이 먹을 수 있는 채소를 적어보고 골고루 먹기를 실천해 봅니다. 기후 변화에 가장 큰 영향을 주는 것은 육식 생활이며, 온실가스 배출량의 약 67%가 육류와 유제품으로 발생한다고 합니다. 지구와 사람들의 건강을 위해서 채식은 필수적이라고 할 수 있습니다. 학생들이 채소에 긍정적인 마음가짐을 갖게 하는 데에 초점을 둔 이유는 바로 채소 편식을 고치고, 궁극적으로 음식 쓰레기를 줄이기 위함입니다. 학생들과 함께 학교 급식 표에 나오는 채소들을 살펴보면서 짧게는 1주일, 길게는 한 달 주기로 음식을 남기지 않고 골고루 먹는 것을 실천해 보는 것은 어떨까요? 건강도 지키고, 지구 환경도 살리는 일에 쉽게 동참할 수 있습니다.

 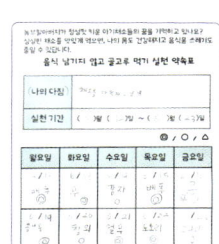

학교에 텃밭이 없는 경우에는 어떻게 하나요?

학교에 텃밭이 없는 경우에는 상추, 당근, 쌈 채소 등 주변에서 쉽게 구할 수 있는 채소를 모둠별로 살펴보는 것도 도움이 돼요. 직접 만지고, 눈으로 살펴봄으로써 거부감을 조금씩 낮출 수 있지요.

빙고 놀이와 실천 계획표는 학생들의 수준과 준비도에 따라 적절히 구성해요.

빙고 놀이는 저학년의 경우 9칸으로 시작하고, 중, 고학년의 경우에는 16칸에 도전해 보아요.
급식에 들어간 채소를 적어서 자신이 골고루 먹은 경우 동그라미를 쳐서 실행 빙고로 활용해도 좋아요. 음식을 골고루 먹기 실천 약속을 할 때 처음부터 한 달 간격을 계획하기보다는 2주, 3주로 늘려가는 것을 추천해요. 처음에 학생들이 잘 지키지 못하더라도 괜찮아요! 지구 환경을 위해 한 걸음 한 걸음 내딛고 있음을 격려해 주세요!

예쁘지만 무시무시한 플라수프 레시피!

추천 대상 : 전 학년

미세미세한 맛 플라수프

김지형, 조은수 (글), 김지형 (그림)
안윤 (감수), 두마리토끼책 (2022년)

"울지마! 망가졌으면 또 사면 되는데 왜 울어?" 주인공 폴리에게 손쉽게 버려진 알록달록한 플라스틱은 잘게 부서져 하수도로, 바다로 흘러 들어갑니다. 이 미세한 알갱이들은 여러 단계를 거쳐 다시 폴리가 먹는 음식으로 밥상에 올라와, 폴리의 몸속에 쌓여갑니다. 그리고 폴리의 몸도 진짜 플라스틱으로 변해버리는 장면이 참 기발하고 무겁게 다가옵니다.

많은 환경 도서가 지나치게 지식적인 것만을 담습니다. 교사의 머리조차 아프게 하고 거시적인 입장에서 행동할 것을 강조합니다. 오히려 그런 내용이 환경 문제에서 우리를 멀어지게 한다고 생각합니다. 이 책은 주인공이 버린 플라스틱 쓰레기가 다시 돌아와 먹고 마시는 음식이 되는 과정을 짧은 글과 강렬한 색채로 담고 있습니다. 너무 먼 이야기가 아니라 나와 내가 사는 곳, 나에게 소중한 사람을 위한 실천 의지를 다지기 위한 책으로 추천합니다.

그림책 활동

1. 비밀 레시피 맞추기 PPT 학습지

화려한 색의 가루가 들어가 있는 수프의 재료를 모둠별로 맞춰보는 활동을 합니다. 그림자 힌트로 정답(물, 꽃게, 가리비, 다시마, 멸치, 양파, 무)을 공개하고 그 외에 바다에서 난 천연재료가 더 들어간다고 이야기합니다. 그림책 표지만 소개해도 환경오염과 관련된 재료임을 눈치챌 수 있지만, 구체적으로 어떤 물질인지는 학생들에게 이야기하지 않습니다. 색색의 알갱이(미세플라스틱)들이 어떤 플라스틱 제품에서 온 것인지 책을 다 읽고 한 번 더 이야기하기 좋습니다.

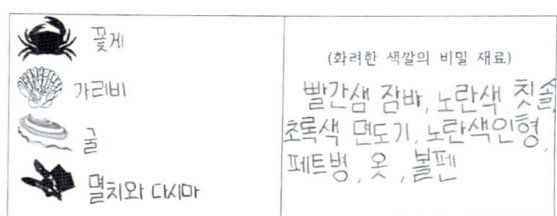

2. 그림책 돋보기 PPT 학습지

그림책에 나온 플라스틱 예시와 플라스틱 종류가 담긴 동영상을 시청하고 아이들이 가지고 있는 학용품이나 옷의 태그를 살펴보고 발견한 플라스틱 이름을 적습니다. 그중 꼭 필요한 것인지 아니면 기능보다는 놀이나 다른 이유로 산 물건은 없는지도 이야기 나눕니다. 대화의 질을 높이기 위해서는 5가지 이상 쓰기 이런 식으로 조건을 이야기하면 좋습니다.

3. 나만의 소.확.행. 프로젝트 PPT 학습지

소확행은 나만의 소소하지만 확실한 행동을 뜻합니다. '친환경 4R 운동'과 연계하여 각각 꾸준히 실천할 계획을 세우고 그 실천이 우리가 사는 삶 속에 '습관'으로 자라나길 소망했습니다. 1~2주 동안 실천한 뒤 같은 계획을 세운 학생들끼리 모여서 활동한 내용을 나누고 발표하니, 더 풍성한 의견을 주고받을 수 있었습니다.

4R 운동

- Refuse : 필요 없는 물건은 거절하자.
- Reduce : 쓰레기를 줄이자
- Reuse : 다시 사용하자.
- Recycle : 재활용하자.

그림책 수업 팁!

함께 하면 실천하기 좋아요.

소확행 프로젝트는 계획만 세우고 끝나기 쉬워요. 그러니 중간중간 각 활동을 얼마나 실천했는지 확인하거나 비슷한 계획을 세운 친구들끼리 모여서 구체적인 실천방법을 짜도록 하는 것도 좋아요. 월별로 있는 각종 환경의 날을 활용하는 것도 효과적이죠. 저 같은 경우에는 가끔 동네 쓰레기를 줍는 일을 해서 그런 친구들에게 같이 줍기를 제안하기도 하고 알림장을 통해 부모님께 알리기도 했어요.

교사의 관심사와 연결되는 다른 활동을 더 해도 좋아요.

내 주변 환경을 사랑하는 마음을 키우도록 학생들과 밖에 나가 학교 주변 식물 살펴보기, 새 관찰하거나 그려 보기, 공기정화식물 심기 등등 여러 활동을 연계하면 좋아요. 저는 학생들에게 집에 있는 화분이나 페트병을 재활용했고 키우던 칼랑코에, 청페페, 다육식물 등등 웃자란 식물을 잘라서 나누어주었어요.

북극곰에게 필요한 것은?

추천 대상 : 1, 2학년

북극곰에게 냉장고를 보내야겠어

김현태 (글), 이범 (그림)
휴먼어린이 (2021년)

환경문제로 인한 지구온난화하면 떠오르는 대표적인 동물은 북극곰일 것입니다. '북극곰에게 냉장고를 보내야겠어' 그림책은 지구 온난화와 북극곰의 위기를 어린 학생들이 이해하기 쉬운 스토리로 전개해 나갑니다. 그림책을 다 읽고 나면 우리가 북극곰을 위해 실천할 수 있는 것들에는 무엇이 있는지 찾아보게 하는 실천 의지를 갖게 하는 그림책입니다.

그림책 속 이야기를 학생들이 조금 더 내면화할 수 있는 방법으로 낭독극이 있습니다. 학생들이 그림책 속 다양한 캐릭터를 연기해 봄으로서 환경오염으로 인해 삶의 터전을 잃게 되는 북극곰의 마음을 조금 더 자세히 이해할 수 있습니다.

그림책 활동

1. 제목 빈칸 채우기

그림책을 읽기 전에 학생들과 제목 빈칸 채우기 활동을 통해 책 내용에 대한 호기심과 흥미를 이끌어 낼 수 있습니다. '북극곰에게 냉장고를 보내야겠어' 그림책 제목에서 냉장고를 포스트잇으로 가리고 빈칸에 어떤 낱말이 들어갈지 추측하게 합니다. 학생들의 다양한 대답과 함께 그 낱말을 선택한 이유에 대해서도 들어보도록 합니다. 학생들의 생각을 모두 들어본 후에 포스트잇을 떼어낸 후 진짜 그림책의 제목이 무엇인지 살펴봅니다.

2. '북극곰에게 냉장고를 보내야겠어' 낭독극 하기 `학습지`

낭독극은 학생들로 하여금 그림책에 등장하는 등장인물의 성격과 글의 분위기를 실감 나게 읽으면서 내용을 조금 더 잘 이해할 수 있게 돕는 활동입니다. 저학년의 경우 낭독극을 위한 대본을 교사가 제공하지만 중·고학년의 경우 학생들에게 직접 낭독극 대본을 써 보게 함으로써 그림책을 조금 더 적극적으로 읽게 만들 수 있습니다.

대본의 내용에 따른 배역이 정해지면 실감 나게 읽는 연습을 하도록 합니다. 등장인물의 목소리, 표정, 몸짓이 드러나게 낭독할 수 있도록 하며 팀별로 공연함으로써 인물의 정서와 감정을 체험해 봅니다. 학생들의 낭독극은 동영상으로 촬영하여 감상한 후 학생들 간 서로의 느낌을 공유할 수 있는 기회를 가져봅니다.

3. 투명 그림책 만들기 `학습지`

그림책을 읽은 후 북극곰 아이스에게 어떤 선물을 주면 좋을지 학생들과 생각해 봅니다. 선물은 눈에 보이는 것도 있고 눈에 보이지 않는 것도 가능하다고 이야기하면 학생들이 조금 더 다양한 선물을 생각해 냅니다. 선생님은 '북극곰에게 ( )을 선물해야겠어'

활동지 위에 투명 OHP 필름을 테이프로 상단에 고정하여 미리 준비합니다. 학생들은 투명 OHP 위에 네임펜으로 북극곰에게 주고 싶은 선물을 그리고 색칠해 봅니다. OHP 필름을 벗겼을 때 학생들이 그린 선물 그림이 사라지는 효과를 볼 수 있습니다. 활동을 모두 마친 후 북극곰이 자신의 선물을 받으면 어떤 기분일지 상상하며 이야기를 주고받습니다.

그림책 지우개 놀이로 독서 전 활동으로도 할 수 있어요.

그림책 지우개 놀이는 책을 읽기 전 그림책 내용을 추측하여 그림책에 등장하지 않은 낱말을 지워보는 활동이에요. 선생님은 빙고 판 모양의 활동지에 그림책에 등장하는 낱말과 나오지 않는 낱말을 섞어 활동지를 준비해요. 학생들이 그림책을 읽지 않은 상태로 낱말을 지워나가야 하기 때문에 표지를 보고 함께 이야기를 나누면서 그림책 내용에 대해 추측해 보는 것이 필요해요.

낭독극에 효과음을 사용해 봐요.

낭독극은 그림책에 나오는 텍스트를 목소리로 표현하는 활동이에요. 학생들이 전문 배우들처럼 실감 나게 표현하는 것은 어려워요. 이때 학생들이 조금 더 낭독극에 몰입할 수 있도록 장면에 어울리는 효과음을 적절하게 사용해 볼 수 있어요. 효과음을 사용할 경우 낭독극에 참여하는 학생뿐만 아니라 극을 관람하는 학생들에게도 흥미를 이끌어 낼 수 있어요.

이러다 상자가 산을 이룰지도 몰라!

추천 대상 : 전 학년

상자 세상

윤여림 (글), 이명하 (그림)
천개의바람 (2020년)

매일 우리는 수많은 상자들을 문 앞에서 만날 수 있습니다. 배달의 민족이라는 명성에 걸맞게 로켓처럼, 번개처럼 빠르게 우리가 필요한 물건들을 집 앞에서 만납니다. 상자 속에 담긴 물건들이 빠져나가고 나간 뒤 상자는 단지 쓰레기가 될 뿐입니다.

수많은 상자가 모여 나무를 이루고, 나무가 모여 상자 세상을 만들어 상자 밖의 세상과 상자 안의 세상이 뒤바뀐다는 작가의 상상이 재미있습니다. 우리 집에 올 택배 상자를 열어보면 어쩌면 우리도 상자 세상의 하늘을 볼 수 있을지도 모르겠습니다. 또한 이 그림책은 이야기의 결말이 정해져 있지 않아서 학생들에게 자유로운 상상의 기회를 제공한다는 점에서 수업에 활용하기에 매우 재미있습니다.

그림책 활동

1. 딩동, 택배 왔어요!

그림책에서 사람들은 택배 상자가 오면 물건만 꺼내고 상자는 창밖으로 휙 던져버립니다. 창밖으로 던져진 상자들이 나무를 이루고, 상자 세상을 만들게 됩니다. 최근 우리 집에는 몇 개의 택배가 왔나 생각해보는 시간을 가져봅니다. 어떤 것들을 택배 상자로 많이 배송하는 지 경향성을 파악할 수 있습니다.

저학년은 글씨 쓰기가 어려우므로 돌아가며 말하기를 진행합니다. 자리 순서대로 생각나는 대로 말하고 생각이 나지 않으면 '패스권'을 쓸 수 있습니다. 학생들이 발표하는 내용을 교사가 유목화하여 화면이나 칠판에 정리합니다. 태블릿을 능숙하게 사용할 수 있는 고학년이라면 멘티미터 등으로 응답을 받아 전체의 의견을 한 눈에 보는 것도 좋습니다.

2. 다시 사용할 수 있어요. 학습지

커다란 종이 상자를 하나 구해서 교실 앞 의자에 올려둡니다. 교사가 상자가 되어서 상자의 마음을 말해줍니다. 원래 나무였다는 이야기, 물건이 도착하면 버려져서 슬프다는 이야기 등 속상한 상자의 마음을 들려줍니다. 학생들로 하여금 상자를 다시 사용하는 방법, 또는 상자의 개수를 줄일 수 있는 방법을 발표할 수 있도록 합니다. 이야기를 나눈 후에 이면지를 이용하여 상자에게 편지를 쓰고 상자에 예쁘게 넣어주었습니다. 그리고 1주일간 이 상자를 보며 기억하자고 말했습니다. 1학년 학생들과 함께 활동을 진행했을 때, 깜짝 놀랄 만큼 아름다운 편지들이 완성되었습니다. 중, 고학년 수업에는 학생들의 더 풍성한 이야기가 나올 것입니다.

3. 상자 세상을 탈출하기 위한 말판 놀이 `학습지`

이 그림책은 결말이 열려있습니다. 뒷이야기를 학생들에게 상상해보라고 해도 좋습니다. 아마 대부분의 학생들은 상자 세상을 맞이하고 싶지 않아 할 것입니다. 두 번째 활동에서 학생들은 내적인 동기를 바탕으로 실천 방법에 대하여 이야기를 나누었습니다. 이제 그 실천 의지를 다지는 말판 놀이를 해봅니다. 말판의 내용 중에는 그림책 내용을 확인하는 문제, 학생들이 발표한 실천 방법을 다시 상기하는 문제를 넣고, 또한 재미있는 격려 활동을 포함하여 만들었습니다. 재미있는 주사위 게임을 통해 환경 보호의 의지를 다지는 것으로 그림책 수업을 마무리 할 수 있습니다.

포스트잇 대신 이면지나 교과서 부록 카드 뒷면을 이용해요.

처음에 수업을 고민할 때 두 번째 활동에서 상자의 마음을 듣고, 상자에게 하트모양 포스트잇을 붙여주는 활동을 계획했었어요. 그런데 '환경교육인데 포스트잇을 쓰는 것이 과연 옳은가?'에 대하여 생각해보게 되었지요. 무엇이 본질이 되고 무엇이 도구가 되는지 놓치지 않아야겠다는 생각이 들었어요. 이면지 종이에 종이 테이프를 붙이는 방법도 있고, 또 교과서 부록에 있는 종이 남는 것을 미리 모아두었다가 필요할 때 메모지처럼 사용하는 것도 좋은 방법이 될 수 있어요. 어떤 수업이든 수업의 내용이 수업 자체에, 더 나아가 우리 생활에 일치되는 모습을 보여주는 것이 한 시간 수업 콘텐츠보다 더 중요하다는 것을 다시 생각하는 기회였어요.

가정 연계 활동으로 확장시켜도 좋아요.

환경 교육은 학생들이 앞으로 지녀야 할 삶의 태도와 관련되어 있으므로 지속적인 노력이 필요해요. 학교에서의 활동을 가정으로 공유하고, 실천 과제를 내주는 것도 활동을 확장시킬 수 있는 좋은 방법이예요. 학생 한 명 한 명이 각 가정의 환경 지킴이가 된다면 선한 영향력이 널리 퍼질 수 있을거예요.

페트병 새롭게 태어나다

추천 대상 : 전 학년

소원

박혜선 (글), 이수연 (그림)
발견<키즈엠> (2020년)

편의점 진열대에 있던 음료수 페트병이 한 아이에 의해 선택됩니다. 아이와 시간을 보내던 페트병은 개울가에서 버려지고, 자신의 의지와는 상관없이 쓰레기장으로, 낯선 마을로, 바다의 모래밭으로, 바닷속으로, 아기 새 배 속으로 옮겨지게 됩니다. 페트병의 여정을 따라가다 보면 우리가 쉽게 쓰고 버린 페트병으로 인한 안타까운 모습들을 마주하게 됩니다. 각 가정에서 플라스틱을 분리수거 해서 버리더라도, 실제로 재활용할 수 있는 양은 많지 않다고 합니다. 올바르게 분리 배출하지 않은 플라스틱은 모두 쓰레기로 다시 버려집니다. 플라스틱 중 투명 페트병은 고품질 페트(PET) 재생 원료가 됩니다. 이를 이용해 의류, 가방, 플라스틱 용기 등 여러 제품을 만들 수 있습니다. 이번 수업에서는 플라스틱 중에서도 페트병에 집중해서 올바른 분리수거 방법을 생각해 봅니다. 이번 수업을 통해 사람들이 페트병을 단순히 분리수거함에 넣는 행동에서만 끝나는 것이 아니라, 바르게 분리 배출하여 제대로 재활용될 수 있도록 하는 의미 있는 행동으로 나아갈 수 있기를 바랍니다.

그림책 활동

1. 요술램프 지니가 있다면?

그림책을 읽기 전, 학생들과 함께 요술램프 지니를 떠올려봅니다. 만약 지니를 만난다면, 어떤 소원을 빌고 싶은지 생각해 봅니다. 그 후 책 제목과 책 표지의 그림을 자세히 살펴보며 이 책은 누구의 소원일지, 어떤 소원일지 예상해 봅니다.

2. 페트병의 마음 살펴보기 학습지

그림책을 읽으며, 페트병의 여정을 확인해 보고, 각 장소에 따른 페트병의 의미를 생각해 봅니다. 장소에 따라 변하는 페트병의 마음과 표정을 상상해 보고, 활동지에 글과 그림으로 표현해 봅니다.

3. 지구 지킴이 지지가 되어보자! PPT 학습지

지구 지킴이 지지가 되어 페트병의 소원을 들어주는 활동입니다. 페트병의 소원은 '흔적도 없이 사라지는 것'입니다. 페트병이 흔적도 없이 사라지기 위해서는 다시 사용될 수 있게 바뀌어야 하고, 재사용되기 위해서는 사람들의 올바른 페트병 분리배출이 필요합니다.
올바른 페트병 분리배출 방법을 여러 사람에게 알리기 위해 포스터로 만들어 봅니다. 만든 포스터는 학교 및 가정, 동네 분리수거장에 부착하여, 앎이 삶으로 연결될 수 있도록 하면 좋겠습니다.

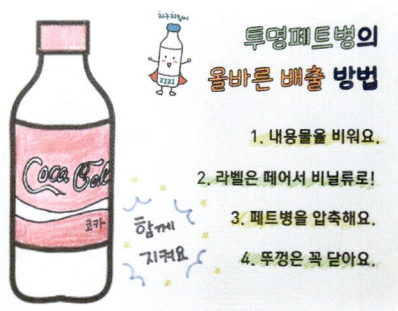 

투명 페트병 분리배출에 대한 내용을 충분히 이해하고 수업하면 좋아요.

투명 페트병은 재생 원료로써 훌륭한 자원이에요. 페트병의 라벨을 떼어내고, 페트병을 압축한 후에 뚜껑을 닫아 배출하는 과정을 교사부터 충분히 숙지하고, 학생들도 확실히 인지할 수 있도록 하면 좋아요. 관련 도서 '그건 쓰레기가 아니라고요'(홍수열 저)를 추천해요.

포스터 도안을 학생 수준에 맞게 활용해요.

포스터 만들기 활동에서 저학년은 도안1을 활용하면 더 쉽게 활동할 수 있어요. 고학년은 도안2를 활용하여 창의적으로 포스터를 만들 수 있도록 안내해 주면 좋아요. 단, 올바른 페트병 분리배출 방법이 잘 드러나게 만들 수 있도록 지도가 필요해요.

포스터 도안에 나오는 페트병은 학생이 좋아하는 음료 페트병으로 꾸며요.

학생이 평소에 좋아하는 음료 종류로 페트병을 꾸미도록 하면 학생의 흥미를 높일 수 있어요. 상상력을 발휘하여 가상의 상품을 만들어도 좋고, 실제 있는 음료를 그려도 좋아요. 다만 실제 있는 음료를 따라 그리는 것은 생각보다 쉽지 않기에 고학년에서 추천해요.

물고기 속에서 플라스틱을 찾아요!

추천 대상 : 전 학년

아주 이상한 물고기

나오미 존스 (글), 제임스 존스 (그림)

김세실 (옮김)

을파소<21세기북스> (2022년)

호기심 많은 꼬마 물고기는 어딘가 다른 모습의 물고기 친구가 가족을 잃고 혼자 다니는 것을 발견합니다. 이 물고기는 '뻐끔뻐끔' 숨을 쉬고 '끄덕끄덕' 반응도 하지만 부끄럼이 많은지 말을 하지는 않습니다. 사실 물고기의 정체는 '버려진 페트병'입니다. 하지만 이를 알 리 없는 물고기들은 플라스틱의 가족을 찾아주기 위해 긴 여정을 떠나게됩니다.

이 책을 통해 학생들에게 오염된 바다와 그 안에서 아파하는 바다 생물들의 모습을 보여주고자 합니다. 그물에 다리가 엉켜 꼼짝 못 하는 문어, 플라스틱 쓰레기 때문에 배탈이 난 바다거북, 플라스틱인 줄 모르고 여전히 가족을 찾아주려는 물고기를 통해 자연스럽게 환경을 보호해야겠다는 마음을 가질 수 있습니다.

그림책 활동

1. 바다를 느껴보자 `동영상`

책을 읽기 전, 조용히 눈을 감고 파도 소리를 들으며 바다를 느껴봅니다. 잔잔한 파도, 거친 파도, 파도 소리 사이에 들리는 바닷새 소리는 학생들의 상상력을 자극합니다.
1분 정도 파도 소리를 듣고 내가 생각하는 바다의 모습을 그려봅니다. 학생들이 바다를 다양하게 표현하고 이를 나눌 수 있도록 바닷속, 바닷가, 사람의 유무, 바다 생물의 유무 등 많은 부분을 허용합니다. 준비물은 1인당 가로 세로를 4등분한 A4 종이 한 장이면 충분합니다. 모든 학생이 한 장 이상의 바다 그림을 그리면, 모든 그림을 칠판에 펼쳐놓고 공통점과 차이점을 찾아봅니다. 내가 표현한 바다에 대한 설명이 아닌 학급의 작품을 '공유, 비교하는 활동을 통해 학생들은 자신이 바다에 대해 지닌 생각을 확장할 수 있으며 바다에 한층 가까워질 수 있습니다.

태평양 쓰레기 섬 영상 QR

2. 플라스틱 떼가 진짜로 있다고?

해양 생물들은 이상한 물고기의 가족을 찾아주기 위해 이동합니다. 그리고 마침내 모양도, 크기도, 색깔도 다양한 이상한 물고기의 가족, 즉 플라스틱 떼를 찾아주고 이별하게 됩니다. 책은 이상한 물고기의 가족을 찾아주며 아름답게 마무리되는 듯 보이지만 이 내용의 이면에는 바닷속 플라스틱 떼, 즉 해양 오염의 심각성이 담겨 있습니다. 쉬운 이해를 위해 영상을 보여줍니다. 태평양 쓰레기 섬을 주제로 하는 이 영상은 인간이 버린 폐기물이 바람과 해류를 따라 이동하여 태평양 한가운데에 쓰레기 섬을 이루었으며 쓰레기 배출국 3위가 대한민국이라는 내용을 담고 있습니다. 영상을 통해 학생들은 왜 우리가 환경지킴이가 되어야만 하는지 필요성을 느낄 수 있습니다.

3. 환경지킴이가 되어보자

브레인스토밍 활동으로 우리가 플라스틱을 줄일 수 있는 여러 가지 방법에 관해 이야기를 나눕니다. 여러 의견 중 같은 것은 모아서 한 모둠에 한 가지 방안을 부여합니다. 자신의 모둠이 맡은 방안을 토대로 8절 도화지에 환경 보호 내용을 담은 홍보물을 만드는 활동을 합니다.

   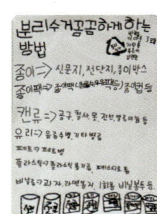

그림책 수업 팁!

바다를 느끼기 활동을 충분히 해 주세요

학생들의 바다 그림은 마지막 활동을 진행할 때까지 모든 학생이 볼 수 있는 장소에 게시해 주세요. 책을 읽기 전 서로의 그림을 보며 바다에 대한 생각을 확장할 수 있을 뿐만 아니라 책을 읽은 뒤 내가 생각한 바다와 현재의 바다가 많이 다르다는 것에 대한 충격을 느낄 수 있어요. 실제로 26명의 학생 중 쓰레기가 있는 바다를 그린 학생은 2명뿐이었어요. 오염된 생태 환경에 대해 내가 얼마나 무지했는지 반성하고, 현재의 바다에서 우리가 마음속에 품고 있는 깨끗한 바다로 되돌리기 위해 실천할 것임을 다짐하는 소중한 활동이 될 거예요.

영상 시간은 학년에 따라 조정해 주세요.

[2. 플라스틱 떼가 진짜로 있다고?]에 사용된 영상은 저학년은 영상의 1분 43초까지만 보여주어도 해양 오염의 실태를 보여주기에 충분해요. 고학년은 영상 전체를 통해 쓰레기 섬이 생기게 된 원리를 알려주면 환경지킴이 활동에 진지하게 참여하고 실질적인 방법이 많이 나올 거예요.

태블릿을 적극적으로 활용하세요.

환경 보호 홍보문을 만들 때는 도화지에 정확하고 자세한 방법을 담을 수 있도록 학교 태블릿 또는 학생 핸드폰 사용을 허용해 주세요. 우리가 할 수 있는 환경 보호의 방법을 조사할 수 있도록 방법을 확장한다면 학생들은 책임감을 느끼고 도화지에 더욱 자세하고 구체적인 방법을 담을 거예요.

바닷속 친구에게 바치는 노래

추천 대상 : 4~6학년

외뿔고래의 슬픈 노래

김진 (글), 이주미 (그림)
키즈엠 (2016년)

외뿔고래는 북극해에 서식하는 멋진 뿔을 가진 고래입니다. 주인공 '센뿔'은 수컷들의 뿔싸움에서 이겨 새로운 대장이 되고, 그림이와 결혼도 합니다. 무리의 젊은 대장으로 새로운 삶을 시작할 무렵, 사람들은 이기적인 모습으로 외뿔고래들을 위협합니다.

'외뿔고래의 슬픈 노래'는 인간을 좋아하고, 친근하게 대하는 동물을 사람들이 어떻게 대하고 있는지, 반성하게 만들어주는 책입니다.

외뿔고래가 부른 슬픈 노래를 생각하며, AI 작곡 프로그램인 '구글 두들 바흐'를 활용하여 곡을 만들고, 외뿔고래들에게 마음을 전해볼 수 있습니다. 이러한 활동을 통해, 동물과 사람이 공존하는 지속가능한 발전에 대해 생각해 보고, 배려심과 사랑의 마음을 기를 수 있습니다.

그림책 활동

1. 사람을 좋아하는 외뿔고래   PPT

읽기 전 활동으로 외뿔고래와 근연종인 흰돌고래(벨루가)의 영상을 소개합니다. 야생의 흰돌고래가 럭비공을 가지고 강아지처럼 사람에게 다가오는 영상과 실수로 바닷속에 떨어뜨린 휴대폰을 주워다 주는 영상을 보며, 고래가 지능과 사회성이 뛰어남을 알려줍니다. 학생들은 고래와 돌고래가 사람들을 좋아한다는 사실, 지능이 7~8세 아이(IQ 70~80) 수준임을 알고 놀랍니다.

특히, 수족관에 갇혀있는 돌고래들은 자신들이 생포되었으며, 어딘가에 갇혀있다는 것을 인식하고 있다는 사실을 알려주면, 학생들은 심각한 표정을 짓습니다. 마지막으로 엄마를 잃은 외뿔고래가 흰돌고래 무리에게 입양되어 생활하는 영상을 보여줍니다. '이 외뿔고래는 흰돌고래 무리에게 왜 입양되었을까?'라는 질문을 던진 후, 아마도 이 그림책과 같은 상황이었을 수도 있다는 말을 하며, 책을 읽어줄 준비를 합니다.

2. '외뿔고래의 슬픈 노래' 읽고 편지쓰기   학습지

귀엽고 똑똑한 흰돌고래 영상을 접한 후여서인지, 학생들은 그림책을 읽으며 더 큰 미안함과 슬픔을 느낍니다. 그림이가 이상 행동을 보이는 장면에서는 심각한 표정으로 눈물을 흘리기도 합니다.

'외뿔고래의 슬픈 노래'를 읽어주고, 떠오른 생각이나 느낌을 자유롭게 발표합니다. "외뿔고래가 불쌍하다.", "내가 사람이라는 것이 부끄럽고 미안하다." 등의 말을 합니다. "외뿔고래와 센뿔은 어떻게 되었나?"며 걱정스레 물어보는 학생들도 있습니다. 센뿔과 그림이에게 하고 싶은 말을 편지로 씁니다. 모둠에서 서로의 편지를 돌려 읽고, 생각과 다짐들을 공유합니다.

3. 느낀 점을 곡으로 표현하기   동영상   PPT

'외뿔고래의 슬픈 노래'를 읽고, 느낀 점이나 생각을 곡으로 표현합니다. 곡의 제목, 곡 설명, 가사를 간단히 적고 머신 러닝 AI 프로그램인 '구글 두들 바흐'를 활용하여, 작곡합니다. '링크 공유하기' 기능을 활용해 패들렛 등에 링크를 모아놓으면, 전체 TV 화면을 통해 함께 곡을 감상하며, 느낌을 나누어 볼 수 있습니다. 학생들은 '센뿔의 슬픔', '그림아 미안해' 등 다양한 제목으로 마음을 담아 작곡합니다.

 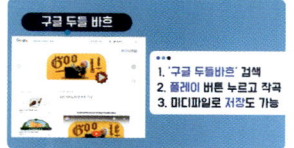 

프레젠테이션　　　　　<구글 두들 바흐> 사용법 동영상　　　　작곡 링크 공유 모음

구글 두들 바흐(AI 작곡 프로그램) 사용법은 아주 간단해요!

구글 두들 바흐는 로그인 없이 접속하면 바로 사용할 수 있어요. 검색창에 '구글 두들 바흐'를 치고, 간단한 소프라노 멜로디 라인만 넣어주면 AI가 알토, 테너, 베이스라인을 바흐 스타일로 넣어주어서, 근사한 곡을 만들 수 있어요. '링크 공유' 기능을 활용하여 패들렛, 띵커벨 보드 등으로 반 학생들의 곡을 한곳에 모아 함께 감상할 수 있고, MIDI 파일로도 곡을 다운로드 할 수 있어요.

슬픈 곡을 작곡하기 힘들지 않나요?

슬픈 노래를 작곡할 때는 계이름의 높이를 '도' 아래로 내리면, 쉽게 슬픈 느낌의 곡을 만들 수 있어요. 교사가 시범으로 한 곡 만들어 보여주기도 쉽습니다. 프레젠테이션 속 큐알코드를 통해, 실제 학생들이 작곡한 곡을 한번 들어보세요.

흰돌고래 참고 영상

나무위키 흰돌고래 https://namu.wiki/w/%ED%9D%B0%EB%8F%8C%EA%B3%A0%EB%9E%98

유튜브 채널 Guardian News https://www.youtube.com/watch?v=NQ3sAIEg6OY

유튜브 채널 tuuuben https://www.youtube.com/watch?v=pYMRlvPxMPU

유튜브 채널 Baleines En Direct https://www.youtube.com/watch?v=LdusjFmgn-w

그게 뭘까요? 여러분은 알고 있나요?

추천 대상 : 1, 2학년

작지만, 위험한 빨대

엘리프 요낫 토아리 (글)
감제 세렛 (그림)
장비안 (옮김)
춘희네책방 (2022년)

플라스틱 빨대의 사용 시간은 고작 20분이지만 사라지려면 200년이 넘는 시간이 걸린다고 합니다. 이 책은 사람들이 무심코 버린 빨대 하나를 바다거북이 삼키며 생명의 위협까지 받게 되는 일련의 과정을 주인공인 펭귄의 눈으로 재미있는 이야기와 생생한 그림으로 보여줍니다.

환경 문제가 바다 생물들의 생명에도 많은 위협을 준다는 것을 학생들에게 알려주기 위해 코에 빨대가 끼어 괴로워하는 바다거북의 영상을 보여주곤 했습니다. 어떻게 빨대가 바다거북의 코에 끼게 되었는지를 궁금해하는 학생들은 이 책의 그림을 통해 생생하게 확인할 수 있습니다. 그리고 지구온난화와 서식지 파괴로 사라져가는 펭귄이 주인공이 되어 그 과정을 이야기해 주는 부분에서도 더 의미가 있습니다. 이 그림책을 통해 우리 학생들이 펭귄과의 약속을 실천하고자 하는 마음을 가질 수 있기를 바랍니다.

그림책 활동 -

1. 표지 보고 제목 맞히기

그림책을 읽기 전, 표지 제목에서 '위험한'이라는 단어만 가리고 표지를 보여줍니다. 먼저, 빨대를 사용해 본 경험을 나누어 보고, 우리가 꼭 빨대를 사용해야 하는지를 이야기해 봅니다. 다음으로 빨대는 작지만, 바다 생물들에게는 어떨지를 생각해 보고, 책 제목의 가려진 부분에 들어갈 단어를 추측해 봅니다. 학생들이 어려워할 경우에는 초성을 제시해도 좋습니다.

2. 색종이 펭귄을 접어 펭귄과의 약속 적기

그림책을 읽고 난 후, 펭귄을 색종이로 접습니다. 그리고 펭귄과의 약속에 대하여 이야기를 나누고, 그중 내가 가장 지키고 싶은 약속을 색종이 펭귄에 한 가지 적어 실천을 다짐합니다.

 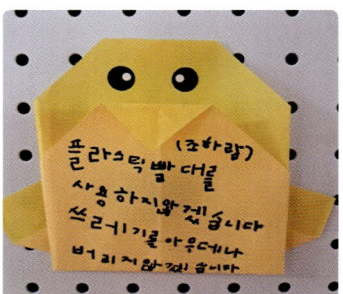

3. 펭귄과의 약속 알리기

다른 반 교사와 협의하여 다른 반 학생들을 초대합니다. 먼저 교사가 다른 반 학생들에게 책을 읽어줍니다. 책을 읽은 후 우리 반 학생들이 다른 반 학생들에게 펭귄과의 약속을 알려주며 약속 적기 활동을 합니다. 이때 펭귄을 색종이로 접어서 미리 준비합니다.

바다거북 코에 빨대가 끼인 사진이나 영상을 보여주어도 좋아요.

제목 맞히기 활동에서 학생들이 어려워할 수도 있어요. 이때 바다거북 코에 빨대가 끼어서 아파하는 사진이나 영상을 보여준다면 '위험한'이라는 제목을 더 잘 맞힐 수 있어요.

색종이로 펭귄 접기를 함께하며 알리기 활동을 해도 좋아요.

미리 펭귄을 색종이로 접어 준비하지 않고, 함께 접어 봐도 좋아요. 접기 활동을 함께 하며 알리기 활동을 한다면 참여하는 학생들도 더 흥미 있게 참여할 수 있어요.

펭귄 색종이 접기 https://youtu.be/K9tSM1Zd6gs
바다거북 코에 빨대가 https://youtu.be/4wH878t78bw

캔~ 캔~ 무엇이 될까?

추천 대상 : 전 학년

캔, 우리 다시 만나자

귈센 마니살르 (글·그림)
손시진 (옮김)
에듀앤테크 (2022년)

통조림 깡통 '캔'은 오랫동안 가게 안 선반에 있었습니다. 캔은 길에 버려져서 사람들에게 뻥뻥 차이거나, 바닷속에 가라앉아 이끼가 끼거나, 쓰레기 더미에서 녹슬어 가기 싫어서, 매일 밤 선반 안쪽으로 숨었습니다.

캔의 꿈은 빛나는 빨간 자동차가 되는 것이었습니다. 어느 날, 결국 캔은 손님에게 팔려서 선반을 나오고 말았지만, 다행히도 캔이 걱정하던 일은 일어나지 않았습니다. 캔이 간 곳은 쓰레기를 함부로 버리지 않는 집이었기 때문입니다.

이 책에는 캔의 다양한 활용 방법이 나와 있습니다. 쓰레기 문제가 날로 심각해지는 요즘, 단순히 쓰레기를 잘 분리해서 버리는 것에서 끝이 아니라 다 쓴 물건을 다시 활용할 수 있는 방법을 고민해 보고, 더 나아가 쓰레기를 만들지 않는 '제로 웨이스트'에 대해서도 고민해 보고자 합니다.

그림책 활동

1. 개념 이해하기 학습지

활동지를 활용하여 제로 웨이스트, 재활용(recycling), 새활용(up-cycling) 등 학생들에게 생소한 개념들을 공부한 후, 그림책을 통해 캔의 다양한 활용 방법을 정리해 봅니다. 쓰레기를 잘 분리해서 배출하는 것도 중요하지만, 다시 사용하여 쓰레기를 줄이거나 아예 처음부터 쓰레기가 발생하지 않는 제품을 구매하는 것이 더 중요하다는 점에 대해 생각해 보도록 합니다.

2. 브레인스토밍하기

캔, 플라스틱, 상자, 유리병 등의 재료를 어떻게 다시 활용할 수 있을지 생각해 봅니다. 각자 자신이 생각한 활용 방법을 허니 보드에 적어 칠판에 붙입니다. 학생들이 생각해 낸 아이디어들을 함께 살펴보며 다양한 활용 방법에 대해 알아봅니다.

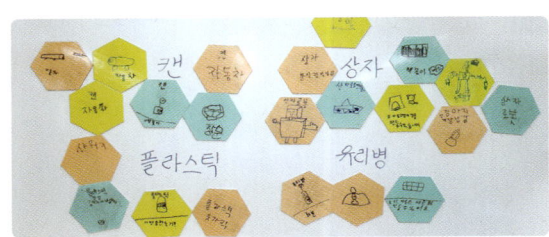

3. 나만의 물건 만들기

버려지는 재료로 새로운 물건을 만들어 봅니다. 단순한 미술 작품이 아닌, 그림책 속 캔의 활용처럼 실제로 활용할 수 있는 물건을 만들도록 유도합니다.

연필꽂이
(플라스틱 컵, 잡지)

화병
(유리병, 포장 리본)

종이접기 보관함
(신발 상자)

보물상자
(신발 상자)

4. 캔~ 캔~ 무엇이 될까?

'무엇이 무엇이 똑같을까?' 동요의 노랫말을 바꾸어 부르며 작품을 소개합니다. 한 명씩 앞으로 나와 자신이 사용한 대표적인 재료(캔, 플라스틱, 상자, 유리병 등)를 말하면 나머지 학생들이 그 재료를 이용해 개사하여 노래를 부릅니다. (캔~ 캔~ 무엇이 될까?, 플라스틱, 플라스틱 무엇이 될까?, 상~자, 상~자 무엇이 될까?) 노래가 끝나면, 앞에 나온 학생이 "짠!"하고 자기 작품을 보여주고 다른 학생들은 그게 무엇인지 맞혀 봅니다.

그림책 수업 팁!

교실 및 학교 재활용장을 적극적으로 활용하세요.

재활용 재료를 미리 가정에서 준비해 오도록 해도 좋지만, 일정 기간 교실 재활용품을 모아두거나 학교 재활용장을 방문해서 필요한 재료를 구해올 수 있어요. 다 함께 학교 재활용장을 방문해서 하루에 버려지는 쓰레기의 양이 얼마나 많은지 느껴보고, 실제 재활용이 잘 이루어지고 있는지 실태를 파악해 보는 것도 의미 있는 경험이 될 거예요.

버려지는 재료는 최소화하도록 노력해요.

제로 웨이스트에 대해 배우고 있으므로 재활용품을 만들기 재료로 활용하여 버려지는 재료를 최소화할 수 있도록 노력해요. 꾸밈 재료로 종이 쇼핑백이나 잡지, 광고지 등의 예쁜 그림들, 버려지는 포장 리본 등을 활용할 수 있어요.
다시 활용할 수 있는 물건을 만들기 위해 또 다른 쓰레기를 많이 만든다면, 그건 활동의 취지에 어긋나는 거니까요.

만들기 활동이 중점이 아니에요.

만들기 활동보다는 브레인스토밍 활동과 작품 소개 노래 부르기 활동에 중점을 두어 수업을 진행해요. 학생들이 재활용품의 활용 방법을 고민해 보고 더 나아가 쓰레기를 만들지 않는 방법을 고민해 보는 게 이번 수업의 중점이니까요.

CHAPTER 3
양성평등 교육

양성평등 교육이란, 어느 특정한 성별에 대해 고정관념을 갖거나 차별을 하지 않고 모두에게 가진 고유한 특성을 서로 존중하며 살아가도록 하는 교육입니다. '여자, 혹은 남자는 이래야 해.' 라는 벽에 갇히지 않고 나와 다른 성별에 대해 올바르게 이해하고 인정하는 것은 매우 중요합니다. 그림책을 통해 스스로 성에 대해 가지고 있던 생각을 돌아보고, 긍정적인 자아정체성을 갖길 기대합니다.

서로를 있는 그대로 받아들이는

추천 대상 : 전 학년

근육 아저씨와 뚱보 아줌마(숲)

조원희 (글·그림)
사계절 (2022년)

'둘은 굉장히 크고 무섭게 생겼지.' 위압감 있는 겉모습과는 다르게, 새들에게 다정하게 무등을 태워주고 세심하게 새끼새를 치료하는 근육 아저씨. 행여나 개미를 밟을까 봐 끝없이 기다리다 잠이 드는 사랑스러운 뚱보 아줌마. 자연 안에서 작은 것들을 지키며 소중히 여기는 둘의 모습에서 평화로움과 사랑스러움이 느껴지는 책입니다.

울룩불룩한 아저씨의 근육과 통통한 아줌마의 몸매를 보고 '남성미가 넘치네.' 혹은 '아줌마는 살 좀 빼야겠네.'하고 불쑥 편견이 올라왔습니다. 하지만 책을 읽을수록 그런 생각은 사라지게 되었습니다. 인물의 생김새나 사회적 성역할에서 생기는 고정관념을 깨고 '우리는 서로 바꾸려고 하지 않고 있는 그대로 존중해.'라는 메시지를 학생들과 나누고자 했습니다.

그림책 활동

1. 표지 살펴보기 (내 안의 편견 들여다보기) PPT 학습지

제목과 표지를 살펴보고 어떤 생각과 느낌이 드는지 질문했습니다.

> **질문 예시**
> '근육 아저씨와 뚱보 아줌마'란 제목을 보고 어떤 생각이 드나요?
> 근육 아저씨 어깨에 있는 동물은 무엇인가요? 무엇을 하고 있나요?
> 근육 아저씨 성격은 어떨 것 같나요? 뚱보 아줌마는 어떤 성격일 것 같나요?

팬티만 입은 아저씨에 대한 불편함에 대한 이야기와 아줌마가 뚱뚱해서 아저씨가 살을 빼주는 내용일 거란 의견이 많았습니다. 여자는 날씬하고 이뻐야 한다는 사회적 압박이나 외모와 성격을 연결짓는 편견에 대해 알아차릴 수 있습니다.

2. 등장인물 인터뷰하기 학습지

책 내용을 좀 더 깊이 있게 이해하기 위해 모둠별로 역할을 하나씩 정하고 모둠 친구들과 질문 나누기를 해보았습니다. 학생들끼리 진행하면 외모적인 부분에 질문이 치우칠 수 있어 몇몇 학생을 앞에 나오게 하고 교사가 시범을 보인 뒤 활동하였습니다. 모둠 활동 후 역할별로 모두 나오게 하고 전체에게 질문하고 답하는 시간을 가졌습니다. 같은 역할이라도 답이 달라서 깊이 있는 대화를 나눌 수 있었습니다.

3. 4컷 만화 그리기 학습지

만화 그리기를 그냥 하라고 하면 단순히 기억나는 장면을 그리게 됩니다. 교사의 의도인, 근육 아저씨 뚱보 아줌마가 서로를 바꾸려 하거나 비난하지 않고, 있는 그대로 존중하며 살아가는 부분을 강조하고 그런 마음과 행동이 잘 드러나는 내용으로 4컷 만화로 그리게 했습니다. 그리기 힘들어하는 학생에게는 앞선 인터뷰 활동에서 기억나는 답을 만화로 꾸며도 된다고 설명했습니다. 만화를 그린 뒤 모둠 친구들에게 서로 만화를 보여주고 이야기를 나누었습니다.

책 읽기 전 존중 지도가 필요해요.

많은 책이나 드라마에서 뚱뚱한 캐릭터가 맡은 역할은 너무 먹을 것만 밝히거나 움직임이 굼떠서 주변에 피해를 주는 경우가 많아요. 예능프로그램에서 뚱뚱한 여자 연예인은 자타가 공인하는 구박이나 웃음거리가 되기도 하지요. 그런 상황이 익숙한 학생들이라 두 주인공의 외모에 대한 언어폭력이 아무 거리낌 없이 나올 수 있어요. 반마다 다르겠지만 그런 태도가 걱정된다면 사전에 선생님이 왜 이 책을 소개하는지 지도하는 것이 필요해요. 그리고 왜 우리가 그렇게 쉽게 비난하게 되었는지도 돌아보면 좋을 것 같아요.

근육 아저씨와 뚱보 아줌마 호수 편도 함께 읽어요. `학습지 ⬇`

조원희 작가님이 쓴 두 번째 책인 호수 편에서는 각자 동물과 평화로운 시간을 보내다가 물에 빠진 근육 아저씨를 뚱보 아줌마가 구해내는 이야기가 나와요. 숲 편에서는 아줌마가 든든한 배려를 받았고, 호수 편에서는 아줌마가 강인하면서도 믿음직하게 아저씨를 도와줘요. 숲 편과 연결되는 이야기라 같이 읽는 것을 추천해요. 읽기 전 호수 이야기를 상상해서 쓰기를 하면 재밌어요.

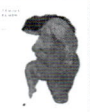

뚱보아줌마가 물놀이를 하고 있었는데 물고기가 찾아왔다 그래서 물고기가 지나갈때까지 기다렸다 근육아저씨도 물놀이를 하고있는데 아까수달이랑 헤엄을 못 쳐서 도와주려고 하다가 물에 근육아저씨가 빠졌다. 그때 근육아저씨를 구해주는 사람은 뚱보아줌마였다.

편견을 이기고 최초가 되다

추천 대상 : 4~6학년

나는 꼭 의사가 될 거예요!

타냐 리 스톤 (글)
마조리 프라이스먼 (그림)
김이연 (옮김), 정글짐북스 (2015년)

'나는 꼭 의사가 될 거예요.'의 주인공 엘리자베스 블랙웰은 미국 최초의 여의사입니다. 그녀는 우수한 성적에도 불구하고 여자라는 이유만으로 수많은 의대의 입학이 거절됩니다. 오랜 기다림 끝에 드디어 1847년 뉴욕주의 제네바 의과대학에 입학하게 되었고, 뛰어난 성적으로 졸업하여 최초의 여의사가 됩니다. 그녀는 1865년 미국 뉴욕에 여자들만을 위한 의과대학을 설립하였고, 1874년에는 영국에도 의대를 설립하였습니다.

'엘리자베스 블랙웰'이 어려움과 고난을 이겨내고 미국 최초의 여의사가 된 이야기는 의사라는 직업이 여성에게는 어울리지 않는다는 편견에 맞선 이야기이자, 우리 학생들이 직업과 성에 대한 편견과 고정관념을 없애는 기회가 될 것입니다.

그림책 활동

1. 30초 직업 그리기 PPT

읽기 전 활동으로 프레젠테이션에 제시되는 직업 단어를 보고 30초 안에 빠르게 그림을 그려봅니다. '축구선수', '의사', '간호사', '소방관' 4개의 단어를 제시하고, '빨리 그림 그리기'를 한 후, 결과를 살펴보면 축구선수, 의사, 소방관은 남자, 간호사는 여자 그림을 그린 친구가 많다는 것을 확인하게 됩니다. 그림을 확인하며 학생들은 우리의 생각 속에, 자기도 모르게 자리 잡은 편견들이 많다는 것을 인식하게 됩니다.

2. 브레인스토밍하기 학습지

그림책을 읽으며, 학생들은 직업에 대한 편견과 여성에 대한 차별을 이겨낸 엘리자베스 블랙웰의 삶에 대한 존경심을 갖게 됩니다. 또, 뛰어난 능력이 있음에도 편견으로 인해 어려웠던 그녀의 삶에 대해 동정심과 함께, 정의감이 불타오르기도 합니다. 그녀를 믿어준 사람들, 포기하지 않도록 용기를 북돋워 준 사람들, 입학 허가를 해 준 학교 등에 대해 이야기를 나눈 후, 훌륭하다고 생각하는 인물이나 기관에 상장을 수여합니다.

3. '엘리자베스 블랙웰'을 주인공으로 한 영화 포스터 만들기
학습지 동영상 PPT

'엘리자베스 블랙웰'을 주인공으로 한 영화 포스터를 만듭니다. 뛰어난 실력에도 불구하고 어려움을 겪어야 했던 그녀의 삶을 현재의 시각으로 살펴보며, '편견을 깨고 최초가 되다'라는 주제로 영화 포스터를 만듭니다. 영화 포스터를 제작할 때는 감독, 출연진, 주제 카피 등을 꼭 넣도록 지도합니다. 개인 태블릿 등을 활용하여, 영화 포스터 예시작품을 찾아보는 것도 큰 도움이 됩니다.

학생들은 그녀의 삶을 살펴보며, 용기와 희망, 본받을 점, 편견의 나쁜 점 등을 깨닫게 됩니다. 영화 포스터를 그릴 때는 '학습지 2'를 다운로드하여, 영화 포스터를 직접 그리는 방법을 선택할 수도 있고, 학생이 그린 영화 포스터를 사진 촬영한 후에 '삼성 패드' 기본 프로그램인 '펜업' 프로그램으로 편집할 수도 있습니다. '펜업'에서 '사진 불러와

'편집하기'를 선택한 후, 정교화 작업을 하면, 좀 더 근사한 포스터가 완성됩니다. '삼성 펜업(PEN UP)프로그램 사용법' 동영상을 참고하여 수업을 진행합니다.

참고 작품 (포스터)

펜업 (PEN UP)프로그램은 삼성 패드의 기본 프로그램 앱이에요.

펜업 (PEN UP) 프로그램은 기본 어플이므로 아무런 제약 없이 바로 사용할 수 있어요. 학생들이 직접 그린 그림을 사진 촬영한 후, 그림파일로 불러와 펜업에서 보다 정교하고 멋진 그림 작업을 추가할 수 있어요.

포스터 작품은 어떻게 공유하나요?

학생들이 완성한 포스터는 '패들렛' 프로그램이나 띵커벨의 '보드' 등에 공유하여 함께 감상하고, '댓글'이나 '좋아요' 버튼을 활용하여 의견을 나눌 수 있어요.

베르타 벤츠의 동영상을 활용하여 수업해도 좋아요.

세계 여성의 날을 맞이하여 벤츠에서 만든 동영상인 '베르타 벤츠'를 활용하여 수업을 진행해도 좋아요. '베르타 벤츠'는 벤츠의 설립자 카를 벤츠의 아내로, 카를 벤츠가 만든 최초의 자동차로 장거리 여행에 성공해 세계 최초의 자동차를 세상에 선보인 여성이에요.

베르타 벤츠 동영상 : 메르세데스-벤츠 코리아 유튜브
https://www.youtube.com/watch?v=-HCZ06_Xd-8

남자나 여자가 아닌 바로 내가 정말 좋아하는 것은 무엇일까?

추천 대상 : 전 학년

내 그림자는 핑크

스콧 스튜어트 (글·그림)
노지양 (옮김), 다산어린이 (2021년)

여기 핑크색을 좋아하고, 치마를 너무 사랑하는 한 남자아이가 있습니다. 입학식 날 주인공은 가장 좋아하는 치마를 입고 학교에 갑니다. 친구들의 시선에 좌절하고, 집으로 돌아와 다시는 치마를 입지 않겠다며 엉엉 울고 맙니다. 그때 아빠가 용기를 내어 아들을 위로하고, 아빠 역시 그동안 외면했던 아들의 그림자를 비로소 인정합니다. 그리고 이 말을 전합니다. "그림자는 나 자체이자, 나의 가장 중요한 부분이다." 사랑하는 아들을 위한 아빠의 고백에 학생들도 저도 큰 울림을 받았습니다.

작가 스콧 스튜어트는 영화 'Frozen'의 엘사를 좋아하는 아들 콜린이 친구들로부터 괴롭힘을 당하자, 이 책을 썼다고 합니다. 그림책 속 주인공의 고민을 들여다보며 여자의 것, 남자의 것이 따로 정해져 있는지 함께 이야기 나누며, 진정으로 나 자신이 좋아하고 사랑하는 것을 생각하고 서로를 격려하는 시간을 가져봅니다.

그림책 활동

1. 시끌벅적 즐거운 토론 놀이

학생들과 그림책을 읽기 전에, 표지의 주인공 얼굴을 포스트잇으로 가리고 성별을 추측하도록 합니다. 대다수의 학생은 치마를 입은 실루엣을 보고 주인공을 "여자"라고 예상합니다. 얼굴을 가렸던 포스트잇을 떼고 주인공이 남자임을 알고, 모두 깜짝 놀랍니다. "남자가 핑크색을 입으면 안 되나요?" 학생들에게 찬성과 반대 의견을 물었습니다. 남자도 핑크색 옷을 입을 수 있다던 학생들이 치마를 입은 주인공의 모습을 보고는 경악합니다. 이번에는 "남자가 치마를 입어도 될까?" 주제로 찬성 반대 의견을 물었습니다. 전원 반대입니다. 학생들의 의견을 살펴본 결과 반대하는 이유가 타인의 부정적인 시선 때문임을 알 수 있었습니다.

〈남자는 왜 치마를 입으면 안 될까?〉 의견 예시

- 이상해서 (5명)
- 여자로 생각할까 봐 (4명)
- 친구들이 놀리거나 나쁜 말을 할까 봐 (6명)
- 여자와 남자는 달라서 (1명)
- 안 어울려서 (1명)
- 경찰에 잡혀갈까 봐 (2명)

2. 내 그림자가 정말 좋아하고 사랑하는 것은 무엇일까? 학습지

그림책을 읽고 나서 학생들과 함께 자신을 되돌아보는 시간을 갖습니다. 내가 정말 좋아하고 사랑하는 것은 무엇인지, 친구나 가족, 선생님에게 말하지 못했던 나의 모습을 생각해 봅니다. 그 후 학습지를 활용하여 나만의 그림자를 표현해 보았습니다.

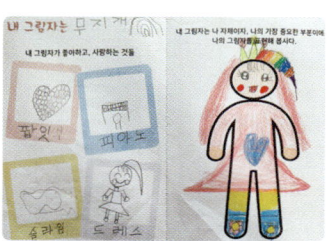

3. 누구일까요?

"나의 그림자는 나 자체이자, 나의 가장 중요한 부분"임을, 우리는 모두 다르기에 소중하다고 이야기를 나눕니다. 그리고 앞서 학생들이 작성한 학습지를 걷고, 실물화상기를 통해 다 함께 살펴보며, 어떤 친구의 그림자일지 추측해 봅니다. 그림자가 좋아하는 것을 자세히 관찰하며 주인공을 찾습니다. 그 과정에서 학생들은 친구에 대해 몰랐던 부분을 알게 되고 서로를 더욱 이해할 수 있습니다.

4. 너라서 괜찮아! 너니까 멋져! 학습지

자기 자신이 가장 좋아하고 사랑하는 것을 공유한 후, 다 함께 교사가 준비한 긍정의 문구가 담긴 스티커의 내용을 읽어봅니다. 그리고 교실을 돌아다니면서 친구들에게 자신의 그림자를 보여주고, 서로 긍정의 메시지 스티커를 붙여 주며 격려와 응원을 합니다. 친구의 활동지에 스티커를 붙여 줄 때, 긍정의 메시지를 크게 말해주는 것도 좋습니다.

나의 그림자를 진정성 있게 표현하도록 격려해 주세요.

그림책 속에서 '그림자'는 때로는 남들에게 숨기고 싶은 나의 속마음이자 나의 정체성으로 나타나요. 학생들이 장난을 치거나, 피상적으로 표현하지 않도록 나에 대해 진지하게 생각해 보는 시간이 필요해요. 잠시 명상을 하는 것도 도움이 되고, 서로의 존재를 긍정하고 격려하는 분위기를 조성하면 보다 편안하게 나의 그림자를 표현할 수 있어요.

우리 가족의 역할 찾기

추천 대상 : 1, 2학년

돼지책

앤서니브라운 (글·그림)
허은미 (옮김)
웅진주니어 (2021년)

그림책 표지에 등장하는 행복한 표정을 짓고 있는 아빠와 아들 그리고 엄마의 표정 속에서 많은 궁금증을 갖게 하는 그림책입니다. 왜 표지 속 아빠와 아들은 활짝 웃고 엄마는 슬픈 표정을 짓고 있을까요? 엄마에게 너무 많은 역할을 맡긴 한 가족의 이야기를 담고 있는 '돼지책'은 가족 구성원의 역할과 자신의 몫을 책임져야 한다는 메시지를 갖고 있습니다.

'돼지책'을 통해 학생들이 갖고 있는 가정 내 남자와 여자의 성에 따른 역할에 대한 편견을 살펴보고 앞으로 가족 구성원 모두의 행복을 위해서 어떻게 역할을 나누면 좋을지 학생들과 생각을 나눠 보고자 합니다.

그림책 활동

1. 주인공 감정 찾기

그림책을 읽기 전 학생들과 그림책 주인공 가족들의 감정을 살펴보는 시간을 갖습니다. 이때 활용한 교구는 느낌 자석 카드입니다. 고학년은 다양한 감정 어휘들을 직접 포스트잇에 적어서 활용할 수 있지만, 아직 다양한 감정에 대한 어휘를 잘 모르는 저학년 학생들에게는 교구를 활용해 보는 것도 좋습니다. 우선 그림책의 표지 속에 등장하는 인물들의 표정을 충분히 탐색할 수 있는 시간을 가져봅니다. 그리고 칠판에 적혀 있는 느낌 자석 카드를 활용해 인물들과 연결하여 설명합니다. 예를 들어 엄마에게 어울리는 '슬픈'이라는 느낌 자석 카드를 고른 경우 "엄마는 가족이 너무 무거워서 슬픈 것 같습니다."라고 인물들의 감정과 감정의 이유를 상상해서 설명할 수 있도록 합니다.

2. 집안일 카드 만들기 `학습지`

그림책을 모두 읽은 후 엄마가 돼지책 속에서 했던 다양한 집안일들을 생각하며 집안일 카드 활동지에 써 보도록 합니다. 활동지의 네모 칸 한 칸에 한 가지의 집안일만 쓰도록 합니다. 집안일 카드를 모두 다 작성한 후에는 집안일 카드에서 우리 가족 중 아빠가 하는 일은 주황색, 엄마가 하는 일은 초록색, 그리고 학생들이 하  는 일은 분홍색으로 색깔을 칠하도록 합니다. 색깔을 다 칠한 후에는 학생들이 집안일 카드를 살펴보면서 자신이 느낀 점을 발표해 보도록 합니다.

3. 우리 가족 역할표 만들기 학습지

(활동 2)에서 만들어 놓았던 카드로 우리 가족 모두가 행복하기 위한 우리 가족 역할표 만들기 활동을 해 봅니다. 집안일 카드에서 집안일을 가족 구성원에 따라 색깔로 표시해 두었기 때문에 학생들이 현재 가족의 역할에서 생각이 어떻게 변화했는지 알 수 있습니다. 집안일을 한 명이 아닌 엄마, 아빠가 함께해야 하는 일이라면 가족 역할 표에서 엄마, 아빠 사이에 붙이도록 합니다. 가족 역할표를 모두 완성한 후에는 실물화상기를 이용해 결과물을 발표하며 가족 역할표를 만들면서 느낀 점을 이야기합니다.

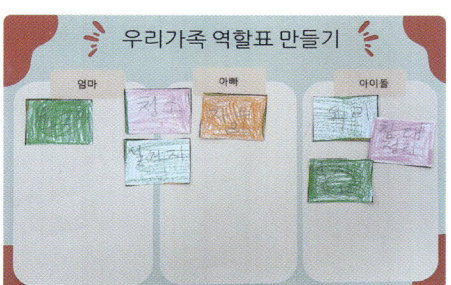

돼지책 '숨은그림찾기'를 해 볼 수 있어요.

돼지책에는 각 장면에 돼지 이미지가 숨겨져 있어요. 학생들과 그림책을 읽기 전에 이것을 미리 안내하고 그림책을 함께 읽어요. 그림책을 읽으면서 작게 숨겨진 돼지 이미지를 발견할 경우 손을 들거나 박수로 숨은 그림을 찾은 것을 표시하도록 해요. 학생들이 숨은그림찾기에 몰입하면서 그림과 글 내용에 더 많은 관심을 가지게 돼요.

말 주머니를 활용한 인물 마음을 탐구해 봐요.

표지에 등장하는 가족들의 표정을 보고 다양한 감정을 추측해 보았다면 각각의 인물들이 하고 싶은 말들을 말 주머니에 글로 채워볼 수 있어요. 그리고 말 주머니에 채워진 내용들을 이용하여 짧은 역할극도 할 수 있어요.

옛날에는 입고 싶은 옷을 마음대로 입을 수 없었다고?

추천 대상 : 4~6학년

메리는 입고 싶은 옷을 입어요

키스 네글리 (글·그림), 노지양 (옮김)
원더박스 (2019년)

사회 통념에 따라 여자 옷과 남자 옷이 구분되었던 때의 이야기입니다. 그 누구도 세상을 바꾸려고 노력하거나 세상이 달라질 것이라고 기대하지 않았습니다. 하지만 메리는 달랐습니다. 여자도 편한 바지를 입을 수 있다고 주장하며 용감한 계획을 세워 실천합니다. 메리를 통해 사람들은 '누구나 입고 싶은 옷을 입을 수 있다.'는 것을 알게 되고 사회가 변화하게 됩니다.

이 그림책을 통해 학생들과 양성평등을 대하는 올바른 자세와 이를 행동으로 옮기는 용기에 관해 이야기를 나눠보고자 합니다. 여자나 남자라는 이유로 비난받는 상황에서 우리는 어떻게 행동했었는지 반성하고, 올바른 태도는 무엇일지 생각해 볼 수 있습니다. 또한, 뜻을 굽히지 않는 메리의 신념과 변화하는 사회를 통해 학생들은 따뜻한 용기를 받을 수 있습니다.

그림책 활동

1. 너 이 동화 아니? `PPT`

그림책을 읽기 전 마음 열기 활동으로 누구나 알 만한 명작을 제시합니다. 학생은 명작의 제목과 내용을 떠올려 보고 교사는 발표를 바탕으로 핵심 단어를 칠판에 판서합니다. 판서 된 핵심 키워드를 따라 학생들은 제시된 책의 공통점을 찾게 됩니다. 바로 공주들은 시련을 스스로 헤쳐 나가지 않는다는 점입니다. 공주들은 자신을 구해 줄 왕자를 기다리고 마침내 왕자와 행복하게 살아가게 됩니다. 마음 열기 활동으로 학생들은 내가 알던 명작들을 다른 관점에서 바라볼 수 있게 됩니다. 또한 명작 속 수동적인 공주들과 그림책 속 적극적인 메리의 성격이 대비되며 자연스럽게 그림책의 방향성을 이해하게 됩니다. 아래는 판서 예시입니다.

> 1. 신데렐라 : 공주, 계모, 요정, 12시, 구두, 왕자
> 2. 잠자는 숲속의 공주 : 공주, 마녀, 저주, 잠, 왕자, 뽀뽀
> 3. 백설공주 : 새엄마 = 마녀, 거울, 질투, 공주, 독사과, 잠, 난쟁이, 왕자, 뽀뽀
> 4. 인어공주 : 바다, 왕자, 공주, 마녀, 목소리, 다리, 뽀뽀

2. 그림책의 내용을 예상해 보자 `학습지`

이번 활동도 읽기 전 활동입니다. 학생들은 교사가 제시하는 활동지 속 단서들로 책의 내용을 예상해 봅니다. 활동지에는 그림책의 표지와 시대 설명, 구체적인 발문이 있습니다. 먼저 스스로 질문에 답해본 뒤 책의 내용을 예상해 봅니다. 그 후 짝꿍, 모둠과 함께 정교화하며 책이 전하고자 하는 메시지가 무엇일지 생각해 봅니다. 몇몇 학생들의 톡톡 튀는 아이디어는 그림책을 더욱 궁금하게 만들며 이어지는 그림책 읽기에서 몰입도를 높여줍니다.

 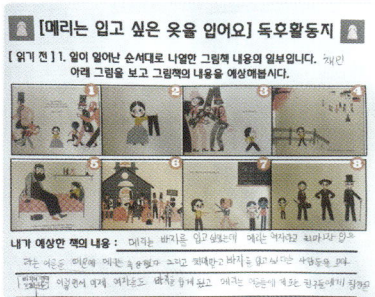

3. 내가 메리라면? 학습지

책을 읽은 뒤, 메리가 되어 직접 디즈니 명작의 등장인물에게 당당하게 이야기해 보는 활동을 합니다. 이 과정은 공언하기 활동으로 학생들에게 더욱 굳은 다짐을 할 수 있도록 제공할 수 있습니다. 긴 문장으로 쓰는 활동이 어려운 저학년은 연극 활동을 구성해도 좋은 활동입니다.

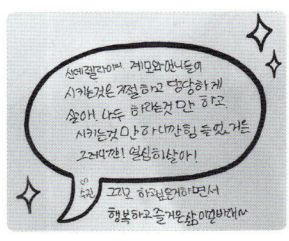 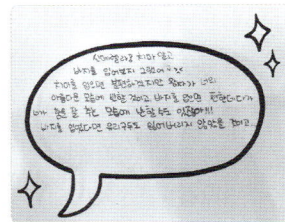 

이어 말하기 발표를 활용해 주세요.

'너 이 동화 아니?' 활동에서 이어 말하기 발표는 앞 발표자가 한두 문장을 말하면 다음 발표자가 이어 말하는 방식이에요.
많은 학생이 제시된 명작의 내용을 아는 만큼 발표의 기회를 고루 주세요. 여러 학생의 발표가 모여 명작 하나의 내용이 완성되도록 한다면 더욱 즐거운 마음 열기 활동이 될 거예요.

활동 1의 방점은 정확성이 아닌 공통점 찾기에 있어요.

표지에 등장하는 가족들의 표정을 보고 다양한 감정을 추측해 보았다면 각각의 인물들이 하고 싶은 말들을 말 주머니에 글로 채워볼 수 있어요. 그리고 말 주머니에 채워진 내용들을 이용하여 짧은 역할극도 할 수 있어요.

활동 3을 할 때 대상을 공주뿐만 아니라 다양한 등장인물로 확장해 주세요.

학생들이 주인공인 공주에게만 써야 한다고 생각하는 경우가 있어요. 왕자, 난쟁이, 마녀 등 다양한 등장인물이 있음을 알려주세요. 그렇게 한다면 아이들이 메리가 되어 더 다양하고 뜻깊은 경험을 할 수 있을 거예요.

남자? 여자? 정해진 색깔이 있을까요?

추천 대상 : 1, 2학년

분홍 소녀 파랑 소년

패트리샤 피티 (글·그림)
양병헌 (옮김)
푸른숲주니어 (2020년)

그림책 제목과 표지에 우리 사회에서 파란색과 분홍색으로 남자의 색, 여자의 색을 구분하는 모습이 나타나 있습니다. 그림책 속에는 분홍을 좋아해야 하는 소녀들과 파랑을 좋아해야 하는 소년들이 등장합니다. '왜 그래야 할까'라는 생각을 하게 된 한 소년이, 자신의 색을 가진 소녀를 만나면서 자신의 색을 가지게 되는 이야기입니다.

어른들의 생각에 영향을 받으며 자란 우리 학생들의 생각 속에도 분홍 소녀, 파랑 소년이 자리 잡고 있는 것 같습니다. 그림책을 읽으며 남자다움, 여자다움이 아닌 나다움에 대해 알고, 이를 통해 학생들이 나다움을 지키며 생활할 수 있도록 하고자 합니다.

그림책 활동

1. 색깔별 물건 분류하기 학습지 ⬇

그림책을 읽기 전에, 학생들이 남자의 색과 여자의 색이 구분된다고 생각하고 있는지 알아보는 활동입니다. 그림책에 나오는 물건들을 분홍 낱말 카드와 파랑 낱말 카드로 만들어 준비합니다. 두 가지 색의 물건 낱말 카드들을 소녀와 소년으로 분류해 봅니다. 분류한 후 왜 소녀의 물건들, 소년의 물건들로 생각했는지 이야기를 나눕니다.

 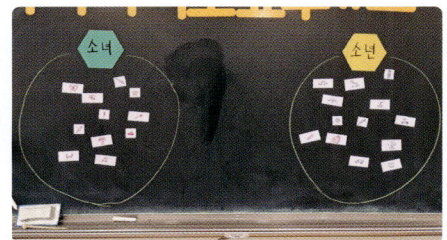

2. 색깔별 물건 재분류하기

책을 읽으며 남자다움, 여자다움이 아닌 나다움의 중요성을 느껴 봅니다. 책을 다 읽은 후, 두 가지 색의 물건 낱말 카드들을 다시 분류해 봅니다. 이때, 소년, 소녀가 아닌 나의 공간을 추가합니다. 많은 학생이 나의 공간으로 카드를 이동하는 모습을 보입니다. 다시 분류하기를 한 후에 왜 나의 공간으로 이동했는지 이야기를 나눕니다.

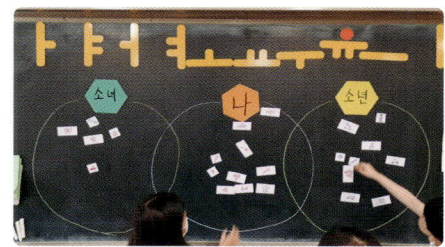 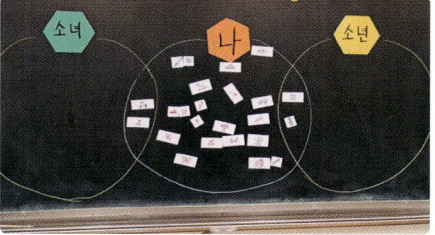

3. 나답게 나의 색으로 표지 꾸미기 학습지

분홍과 파랑으로 나누어져 있던 표지의 그림을 나답게 표현해 보는 활동입니다. 내가 좋아하는 색, 나를 표현할 수 있는 색을 선택하여 ○○ 소녀, ○○ 소년의 나를 표현합니다. 그리고 내가 좋아하는 색, 나를 표현할 수 있는 색으로 표지를 꾸밉니다.

책을 읽기 전 색깔별 물건 분류하기를 할 때 책 제목을 먼저 공개하지 않아요.

책 제목인 '분홍 소녀 파랑 소년'을 먼저 공개하면 분홍은 소녀에게로, 파랑은 소년에게로 분류하는 경우가 더 많아질 것이기에 먼저 공개하지 않아요. 책 제목을 공개하지 않고 색깔별 물건 분류하기 활동을 시작해요.

책을 읽으며 남자, 여자가 아닌 '나다움'을 강조해요.

주인공이 자신의 색을 찾아가는 과정에서 더 즐거워하는 모습을 함께 느끼며 '나다움'의 행복감을 함께 느껴보도록 해요.

수백 년에 걸쳐 만들어 가는 평등한 세상

추천 대상 : 1~3학년

산딸기 크림봉봉

에밀리 젠킨스 (글)
소피 블래콜 (그림)
길상효 (옮김), 씨드북 (2016년)

1710년, 1810년, 1910년, 2010년.
4세기에 걸쳐 다양한 사람들이 다양한 도구로 산딸기 크림봉봉을 만들어 먹습니다. 시간의 흐름에 따라 산딸기와 우유를 얻는 장소, 산딸기를 으깨고 우유 크림을 만드는 도구, 완성된 산딸기 크림봉봉을 차갑게 보관하는 방법도 변화합니다. 그러나 100년 전까지도 변하지 않는 것이 있었습니다. 바로 산딸기 크림봉봉을 만드는 사람이 여성이라는 사실입니다.

그림책 '산딸기 크림봉봉'은 달콤한 디저트를 통해 공평하지 않은 세상을 섬세하게 보여줍니다. 불평등 위에 차려진 따뜻하고 평화로운 저녁 식사를 바라보며, 과연 무엇이 잘못되었는지에 대해 차근차근 곱씹어볼 수 있습니다. 2010년, 성별과 인종의 구별 없이 다양한 친구들이 함께 모여 즐기는 만찬은 과거의 여러 사람이 꿈꾸었던 장면일 것입니다. 그림책 수업을 통해, 수많은 사람의 자각과 노력이 만든 평등에 대해 생각해 보려고 합니다.

그림책 활동

1. 네 번의 식사, 다른 점과 같은 점 찾기

1710년, 1810년, 1910년, 2010년, 네 번의 식사에서 어떤 다른 점들이 있는지 찾아봅니다. 자연 재료를 얻는 방식, 요리 도구와 방법, 보관 방법 등 다양한 관점들을 제시해 주면 더 찾기 쉽습니다. 그리고 마지막으로 1710년, 1810년, 1910년에는 같았고, 2010년에는 달라진 점을 찾아봅니다. 음식을 만들어 대접하는 사람과 그 음식을 먹는 사람의 성별이 현대에 이르러 비로소 달라졌음을 학생들이 스스로 발견하도록 합니다.

2. '벽장 속 소녀에게' 산딸기 편지 쓰기 [학습지]

노예제도가 있던 1810년, 흑인 모녀는 정성껏 산딸기 크림봉봉을 만들어 주인 가족에게 대접합니다. 두 사람은 저녁 식사 내내 주인 가족의 시중을 들고 나서, 늦은 밤 벽장에 숨어 양푼에 남은 산딸기 크림봉봉을 긁어먹습니다. 학생들이 그림책을 보면서 가장 마음 아파하고 안타까워하는 장면입니다. 1810년, 벽장 속 소녀는 성별, 나이, 인종의 관점에서 불평등을 겪었습니다. 여자였고, 어렸고, 흑인이었기 때문입니다.

숨어서 남은 음식을 먹어야만 했던 벽장 속 소녀에게 위로의 말을 전해 보기로 했습니다. A4 종이에 작은 산딸기 그림을 그리고, 그 안에 짧은 편지글을 적습니다. 아직 벽장에서 나오지 못한 누군가에게도 가닿길 바라며 진심을 담습니다.

  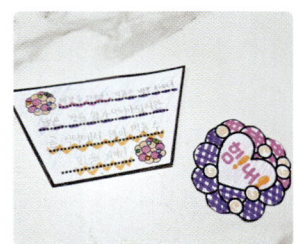

3. 벽장 속 소녀에게 주는 선물, '산딸기 크림봉봉' 만들기

그림책 속 2010년의 만찬처럼 모두 다 함께 산딸기 크림봉봉을 만들어 봅니다.
앞서 완성한 산딸기 편지를 오려서 색 종이컵에 붙입니다. 편지를 오리고 남은 자투리 종이는 종이컵 안에 넣어 빈 공간을 채워줍니다. 하얀 점토와 색 점토를 섞어 부드러운 크림 모양을 만든 후, 이를 종이컵 위에 올려줍니다. 알록달록 색 점토로 조금 더 장식하여 산딸기 크림봉봉을 완성합니다. 교실에 두고 전시하여 먹음직스러운 산딸기 크림봉봉과 진심 어린 편지를 함께 두 눈과 마음에 담습니다.

❶ 산딸기 편지를 오려 색 종이컵에 붙이기
❷ 편지를 오린 자투리 종이로 색 종이컵 안을 채우기
❸ 하얀 점토와 색 점토를 섞어 크림 모양 만들기
❹ 크림 모양을 종이컵 위에 올리고 색 점토로 장식하기

그림책 수업 팁!

편지글을 쓸 땐 학년에 맞게 자료를 제공해 주세요.

문장 쓰기를 어려워하는 1학년 학생들에게는 조금 더 쉬운 활동으로 변형하여 진행하는 것이 좋아요. 산딸기 그림 도안을 색칠해 보고, 그 안에 응원의 말 한마디를 적어 보는 활동만으로도 벽장 속 소녀에게 진심을 전하기에 충분하다고 생각해요. 2~3학년 학생들은 직접 산딸기 그림을 그려 보고, 그 안에 3~4문장의 편지글을 써보면서 내 생각을 더 분명하게 드러낼 수 있어요.

한식 만들기 활동으로 대체해도 좋아요.

그림책은 서양의 저녁 식사를 보여주고 있어요. 배경을 우리나라로 가져와서 생각해 보아도 좋아요. 과거에는 우리나라에서도 남자와 여자, 어른과 아이가 따로 상을 차려 식사하기도 했고, 여자들이 명절 음식을 만들고 남자들이 차례를 지내기도 했지요. 산딸기 크림봉봉 대신 한국의 전통 음식을 만들어 보며, 그림책 속 이야기가 다름 아닌 우리의 이야기임을 깨달을 수 있을 거예요.

색 점토 대신 사인펜을 사용할 수 있어요.

만약 교실에 색 점토가 없다면, 수성 사인펜을 사용해도 좋아요. 하얀 점토에 수성 사인펜을 콕콕 찍어 섞으면 알록달록한 색 점토가 됩니다. 직접 점토를 주무르며 다양한 색 변화를 관찰해 볼 수 있어요.

'여자니까, 남자니까' 이상해!

추천 대상 : 전 학년

여자 남자, 할 일이 따로 정해져 있을까요?

나카야마 치나츠 (글)
야마시타 유조 (그림), 고향옥 (옮김)
고래이야기 (2018년)

주인공은 엄마와는 다르게 화장도 하지 않고 머리도 짧은 이모를 남자 같다며 이상하다고 생각합니다. 수중 촬영 기사인 이모는 그런 주인공에게 '이상한' 물고기들의 이야기를 들려줍니다. 암컷도 수컷도 아닌 몸으로 태어나 상황에 따라 변하는 흰동가리, 수컷이 입속에 알을 품는 도화돔, 수컷이 배의 주머니에서 알을 품는 해마, 아주 작은 수컷이 암컷의 몸에 달라붙어 사는 초롱아귀의 이야기를 말입니다. 물고기들과 주인공은 대화를 나누며 서로가 '이상하다'라고 소리칩니다. 다시 이모의 집을 바라본 주인공은, 아기를 업은 채 맛있는 돈가스를 만드는 이모부를 보고도 더 이상 이상하다고 생각하지 않습니다.

이 책이 처음 출간되었을 때의 제목은 '이상해!'였습니다. 주인공 남자아이와 물고기들은 서로의 성 역할에 대한 다른 문화를 이해하지 못하고 '이상하다'라고 생각합니다. 상황에 따라 성 역할을 바꾸어 살아가는 물고기들의 눈에는 '여자니까, 남자니까'라며 서로의 성 역할을 고정해 살아가는 사람들의 모습이 이상하기만 합니다. 이 책을 통해 학생들과 남녀 성 역할의 편견에 대해 함께 생각해 보고자 합니다.

그림책 활동

1. '엄마가 하는 일 vs 아빠가 하는 일' 생각해 보기

책을 읽기 전, '엄마가 하는 일, 아빠가 하는 일'을 생각해 봅니다. 칠판에 커다란 벤다이어그램을 그려놓고 아이들에게 자유롭게 '엄마가 하는 일'과 '아빠가 하는 일'을 포스트잇에 써서 붙이라고 합니다. 임신하고 아기를 낳는 일, 청소, 빨래, 설거지, 요리하기, 쓰레기 버리기, 아이 돌보기, 회사에서 일하기, 집 안의 고장 난 부분 수리하기 등 최대한 구체적으로 다양한 일을 적도록 합니다.

2. 물고기 인형극 하기 [학습지 ⬇]

물고기 인형극을 통해 직접 물고기의 입장이 되어 실감 나게 연기하면서 남녀 성 역할의 편견에 대해 다시 한번 생각해 보는 시간을 갖습니다. 먼저 모둠별로 그림책에 등장하는 이모, 주인공, 흰동가리, 도화돔, 해마, 초롱아귀를 막대 인형으로 만듭니다. 인형극 대본을 가지고 인형극을 연습합니다. 교실 앞에 인형극 무대를 설치하고 모둠별로 나와 물고기 인형극 발표회를 합니다.

3. '엄마가 하는 일 vs 아빠가 하는 일' 다시 생각해 보기

그림책을 읽기 전 생각했던 엄마가 하는 일과 아빠가 하는 일을 다시 한번 생각해 봅니다. 생각이 바뀐 부분이 있다면 포스트잇의 위치를 조정합니다. 엄마와 아빠 둘 다 할 수 있는 일이라고 생각되는 것들은 벤다이어그램의 겹치는 부분에 붙입니다. 그동안 '남자니까!', '여자니까!' 당연히 그래야 한다고 생각했던 고정관념에 대해 다시 한번 생각해 봅니다. 남녀에 따라 정해진 성 역할이 있는 것이 아니라, 각자가 더 좋아하는 일, 더 잘할 수 있는 일을 나눠서 하는 게 행복한 일이라는 점을 기억하도록 합니다.

반복되는 구절을 강조하여 책 읽기에 집중하도록 해요.

책을 읽기 전 학생들을 두 그룹으로 나누고 1번 그룹은 "뭐라고?"가 나올 때 따라 하기, 2번 그룹은 "이상해!"가 나올 때 따라 하기를 시켜요. "뭐라고?", "이상해!"가 나올 때 미리 교사가 각 그룹을 표시해 주면 좋아요. 그리고 각 구절이 총 몇 번 나오는지 생각하며 책을 읽으라고 지시하고 책을 읽은 후 질문을 해요. 실제 "뭐라고?"는 14번, "이상해!"는 9번이 나와요. 이렇게 하면 책 읽기에 적극 참여시켜서 학생들의 집중도와 흥미를 높일 수 있어요.

학년에 따라 수업을 변경해요.

고학년의 경우, 인형극 대본을 스스로 작성하게 하면 좋아요. 그림책에 나온 물고기뿐만 아니라 다른 물고기들을 조사하여 등장인물을 추가할 수도 있고, 물고기와 주인공의 대화 장면을 상상으로 새롭게 재구성할 수 있어요.

남자답게 여자답게 No, 나답게 너답게 Yes

추천 대상 : 3~6학년

코숭이 무술

이은지 (글·그림)
후즈갓마이테일 (2018년)

코숭이라 불리는 원숭이들이 사는 평화로운 숲속 마을에 수상한 발자국이 나타나 코숭이들은 겁에 질렸습니다. 코숭이들은 남자 코숭이, 여자 코숭이의 특징을 활용한 코숭이 무술을 배워 자신을 지키고자 합니다. 그런데 남자 기술은 여자 코숭이가 잘하고, 여자 기술은 남자 코숭이가 잘하는 모습이 보입니다. 결국, 코숭이들은 남녀 상관없이 각자 잘하는 기술을 익히게 되고, 모두 모여 함께 할수록 강해지는 마지막 기술을 배우게 됩니다.

남녀 신체적인 특징에 따른 일반적인 생각이 성차별적인 생각이 아닌지 생각해보는 그림책입니다. 분명 남자와 여자 사이에는 신체적인 특징이 있고, 그 특징을 고려해야 할 필요가 있지만 사람의 능력을 '성'이라는 잣대로만 한정 짓고 있는 것이 아닌지 되돌아보는 시간이 될 것입니다.

그림책 활동

1. 우리는 상어 가족 학습지

이 활동은 그림책을 읽기 전에 하는 활동으로 학생들이 가지고 있는 성 고정관념에 관해 확인해 보는 활동입니다. 상어 가족(엄마, 아빠, 할머니, 할아버지)이 그려진 학습지를 모둠별로 한 장씩 나누어줍니다. 상어 가족 구성원의 크기, 모양은 같지만, 색은 분홍색, 파란색, 살구색, 하늘색으로 다르게 되어 있습니다. 모둠원은 각자 하나의 상어 가족을 선택하되, 교사가 역할에 맞는 색을 정해주지 않고 자유롭게 선택하도록 합니다. 다 함께 '아기 상어' 노래를 부르며, 선택한 상어 종이 인형을 들고 자리에서 일어나 역할에 어울리는 동작을 흉내 내어 봅니다.

각 모둠의 엄마 상어, 아빠 상어, 할머니 상어, 할아버지 상어의 색을 확인해 보고, '아기상어' 동영상에 나온 색을 살펴보며 여자는 분홍색, 남자는 파란색으로 인식된 성 고정관념을 확인합니다.

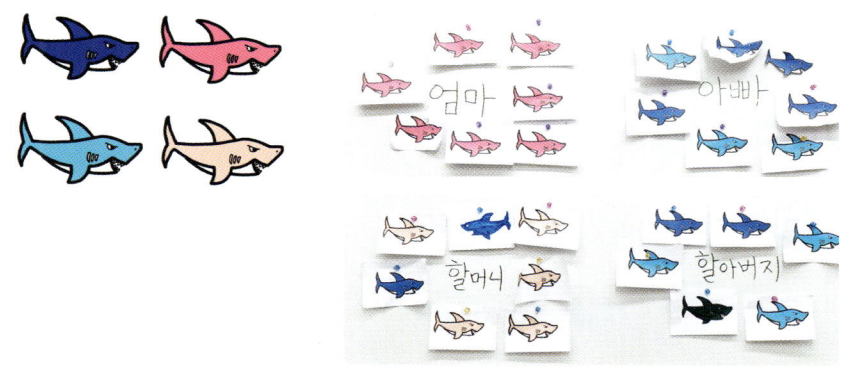

2. 코숭이 무술 살펴보기

그림책을 읽으며, 남녀 특징을 이용한 무술 기술이 성 고정관념으로 만들어졌음을 확인해 봅니다. 우리 주변에서도 성 고정관념으로 생긴 말이나 생각은 없는지 함께 경험을 나누어 봅니다. 성 고정관념에 관련된 경험을 나눌 때 차별과 차이를 혼동하지 않도록 안내합니다. 예를 들어, 남녀의 체력 검사 평가 기준이 다른 것, 남자가 아이를 낳지 않는 것과 같은 것 등은 성적 차별이 아닌 신체적 차이와 관련된 것입니다.

3. 성평등 매직 북 만들기 동영상 학습지

매직 북 만들기 활동을 통해 '남자답게, 여자답게'라는 말 대신에 '나답게, 너답게'란 말을 새겨보는 활동입니다. 매직 북은 왼쪽과 오른쪽 종이를 잡고 펼치면 새로운 면이 나타나는 책입니다. 책을 펼치기 전에는 '남자답게 여자답게 NO!'라는 글자가 나오지만, 책을 펼치면 '나답게 너답게 YES!'라는 글자가 나옵니다. 매직 북의 빈 공간에는 내용과 어울리는 그림을 그리면 더 좋습니다.

그림책 수업 팁!

상어 가족 역할 흉내 내기 활동의 의미를 학생들이 눈치채지 못하게 진행해요.

'우리는 상어 가족' 활동은 남녀에 따른 색에 관한 고정관념을 확인해 보는 활동이에요. 학생들이 활동의 의미를 눈치채지 못하도록 자연스럽게 유도하면 좋아요. '역할에 어울리는 상어를 모둠원과 상의해서 고르세요.' 정도로 교사가 안내하면 좋겠지요. 활동 마지막에 남녀에 따라 선택한 색을 같이 확인해 보며 우리가 가지고 있는 성 고정관념을 파악해 보는 데 초점을 두어요.

매직 북 도안은 조금 두꺼운 종이에 출력해요.

성평등 매직 북 만들기는 조금 두꺼운 종이(120g 정도)에 출력하면 더 견고하게 매직 북을 접고 펼칠 수 있어요. 도안 1은 단면 인쇄를, 도안 2는 양면 인쇄(짧은 쪽으로 넘김)를 하여 사용해요. 다만, 양면 인쇄는 프린터의 성능에 따라 앞뒤 출력물 위치가 잘 맞지 않는 경우가 발생할 수도 있어요. 이런 경우에는 빈 종이에 매직 북을 만들고, 아이들이 글자를 직접 적어보게 해도 좋아요.

울고 싶을 때는 울어요

추천 대상 : 1~3학년

아빠의 마음 날씨

이꼴 (글), 린지 (그림)
초등젠더교육연구회 아웃박스 (감수)
다산어린이 (2021년)

'남자는 태어나서 3번 운다.' 제가 어릴 때만 하더라도 흔하게 들어왔던 말입니다. 남자 어린이들이 울거나 눈물을 보일 때면 주변 어른들이 그건 '부끄러운' 일이라고 학습시켰습니다. 이 책의 주인공도 미끄럼틀에서 넘어져 우는 모습으로 인해 '남자가 운다'며 놀림을 받아 속 상해 하는 것으로부터 이야기가 시작됩니다.

그림책에 등장하는 아빠는 누구나 여러 가지 감정을 가지고 있다는 것을 날씨에 비유해서 알려줍니다. 맑은 날도 있지만 흐린 날도 있고, 비 오는 날도 있고 무지개가 쨍하고 뜨는 날도 있다고 말입니다. 남자라서, 여자라서가 아닌 '나라서', 나의 감정에 충실한 학생들로 자라나길 바라며 이 수업을 해보았습니다.

그림책 활동

1. 울고 싶었던 경험 나누기

이 책에서 아빠는 다양한 마음 날씨를 소개해 줍니다. 특히 '남자도 울고 싶을 때 울 수 있다.'에 초점을 맞추고 있습니다. 남성에 대한 대표적인 편견을 바로 잡아주고자 하는 작가의 의도를 잘 알 수 있는 부분입니다. 학생들과 나는 언제 울고 싶었는지 이야기를 나누고, 울고 싶었는데 울지 못한 경험이 있는지에 대하여 이야기를 나누어 봅니다. 이야기를 듣고, 내 경험을 나누면서 의외로 성 차별적 경험을 많이 한다는 것을 인식할 수 있습니다.

2. 감정 안내판 만들기 학습지

감정 안내판을 만들어서 누군가에게 내 감정을 솔직하게 드러내는 것을 연습해 봅니다. 직접 말로 할 수도 있지만 내 감정을 드러내는 안내판을 책상 위 또는 친구들이나 가족들이 잘 볼 수 있는 곳에 세워두면 일일이 말해주지 않아도 다른 사람들이 모두 내 감정을 존중해 줄 수 있습니다. 학급 책상에 세워두면 내가 남의 감정도 알아줄 수도 있습니다.

삼각 이름표를 만드는 방법과 동일하게 A4 용지 학습지를 접어 삼각기둥을 만듭니다. 학습지에 내용을 먼저 채운 뒤 접는 선에 맞추어 접고 마지막 칸을 풀칠하여 삼각기둥 모양으로 완성해야 합니다. 왼쪽 노란 네모 칸에는 내 감정의 날씨를 학습지 2쪽의 예시 그림을 이용해서 붙이거나, 또 본인이 원하는 날씨의 그림을 그려도 좋습니다. 오른쪽에는 지금 내 기분이 어떤지, 혹은 주변 사람에게 내 기분이 지금 이러하니 이렇게 해달라는 부탁의 메시지를 적어도 좋겠습니다.

3. 노래 가사 바꾸기 (울면 안 돼)

학생들과 노래 가사 바꾸기 활동을 해보았습니다. 대부분의 학생들이 다 아는 노래이면서 바꾸기 쉬운 노래를 찾다 보니, 크리스마스 캐럴 중의 하나인 '울면 안 돼' 노래를 가사를 바꾸어 불러 보았습니다. 학생들이 직접 아이디어를 내고 교사는 음이나 리듬에 맞게 자연스럽게 고쳐주는 작업만 했는데 제법 그럴듯한 노래가 나왔습니다. 학생들이 함께 생각을 모아 바꾼 노래는 금세 따라부르며 몸을 흔드는 친구들도 있었습니다. 이 작업을 하고 나서 한참을 이 노래를 우리 반 유행가처럼 불렀습니다. 학생들이 자신들이 직접 참여한 활동에 얼마나 애착을 가지고 있는지 다시 한번 깨달았습니다.

원래 노래

| 울면 안 돼 | 울면 안 돼 울면 안 돼 / 산타할아버지는 우는 학생에게 선물을 안 주신대.
산타할아버지는 알고 계신대 / 누가 착한 아인지 나쁜 아인지 / 오늘 밤에 다녀가신대. |

노래 가사를 바꾼 예시

| 울어도 돼 | 울어도 돼 울어도 돼 / 남자 친구들도 여자 친구들도 / 어른들도 울어도 돼.
슬픈 일이 있을 때 속상할 때 / 우는 것은 부끄러운 일이 아니야 / 내 마음은 소중한 거야. |

 그림책 수업 팁!

양성평등 요소를 제대로 짚고 넘어가기

단순한 감정의 수업이 아닌 남자, 여자의 성 역할에 대한 고정관념을 짚어주고 가는 것이 수업 의도에 맞는 수업이 돼요. 특히 첫 번째 활동에서는 '남학생들이 울면 안 된다'라고 학습되었던 경험뿐 아니라 여학생들도 '여자 애가 큰 소리로 울면 안 된다.', '여자애가 시키면 시키는 대로 하지 불평이 많다.' 등 여성으로서의 부당한 대우를 받았던 경험도 자연스럽게 나오지요. 그런 경우에 대하여 서로 이야기를 나누는 경험을 바탕으로 감정을 드러내는 수업이 되도록 한다면 좋은 양성평등 수업이 될 것으로 기대해요.

공감하는 말하기로 감정 나누기

울고 싶었던 경험을 나누는 활동에서 듣는 친구가 '맞아 맞아'라고 맞장구쳐주는 '공감하는 말하기'를 해 보세요. '공감하는 말하기'는 대그룹보다는 소그룹 말하기를 할 때 더 효과적이에요. 4-5명의 학생이 한 모둠이 되어 돌아가며 정해진 주제에 대하여 말하고 나머지 친구들은 친구의 말이 끝나면 '맞아 맞아!'라고 크게 말해줘요. 이 방법은 친구들 앞에서 부끄러워서 말을 잘하지 못하는 학생들에게는 용기를 주고, 친구가 내 말에 귀 기울여 준다는 공감을 느낄 수 있어 감정 수업할 때 효과적이에요. 듣는 친구들에게는 다른 친구의 말을 경청하는 연습을 할 수 있어 더욱 좋아요.

CHAPTER 4
생명존중 교육

'살아있는 모든 것은 소중하다.'는 당연한 말이 사실은 가장 외면받기 쉬운 현실입니다. 생명존중 교육은 인간뿐만 아니라 살아있는 모든 것을 귀하게 여기고, 가치를 부여하는 데서 비롯됩니다. 생명존중에 기반한 여러 그림책을 통해 머리가 아닌 마음으로 이해하고, 보다 실천적인 교육이 가능해집니다. 학생들이 '나'와 타인의 마음을 이해하고, 상호 존재 가치를 인정하며 더 나아가 동물복지와 생태적 책임 인식을 갖길 소망합니다. 지금, 바로 선생님의 손에 든 그림책을 통해 시작할 수 있습니다.

나는 어떤 씨앗일까? 어떤 꽃이 될까?

추천 대상 : 1, 2학년

너는 어떤 씨앗이니?

최숙희 (글·그림)
책읽는곰 (2013년)

이 책에서는 각자의 개성을 가진 일곱 가지 씨앗이 등장합니다. 씨앗들은 저마다 다른 개성을 지닌 다양한 꽃으로 피어납니다. 작가는 세상 모든 씨앗이 지닌 아름다움을 들려주다가, 책의 마지막에 부드러운 목소리로 말합니다. "그래, 너도 씨앗이야. 꽃을 품은 씨앗." 그리고 다시 "너는 어떤 꽃을 피울래?"하고 물으며, 따뜻한 물음을 건넵니다.

우리는 모두 하나의 씨앗에서 태어났습니다. 자그맣고 가냘프고 쪼글쪼글하기까지 했던 그 씨앗은 여러 사람의 도움을 받으며 점점 자라나 꽃을 피우며 살아갑니다. 학생들이 나는 지금 어떤 씨앗인지 지금의 나를 알아보고 나는 어떤 꽃으로 피어나고 싶은지 생각하며 '나는 소중한 사람이구나.'를 느낄 수 있었으면 합니다. 그리고 내가 꽃으로 피어나려면 나 혼자만의 노력이 아닌, 모두의 힘이 필요하다는 것을 느꼈으면 합니다.

그림책 활동

1. 꽃 이름 한 줄 빙고 놀이하기 [학습지 ⬇]

그림책을 읽기 전에, 꽃 이름 빙고 놀이를 통해 그림책에 대한 흥미를 돋웁니다. 저학년의 수준에 맞게 3×3 빙고 놀이를 합니다. 그림책에 나오는 일곱 가지의 꽃을 '보기'로 제시하고, 나머지 두 칸은 학생들이 알고 있는 꽃 이름을 떠올려 빙고 판을 채우게 한 후 활동을 합니다.

활동 방법
- <보기>의 일곱 가지 꽃 이름과 내가 알고 있는 꽃 이름 두 가지를 아래의 칸에 씁니다.
- 선생님 또는 학생들이 부른 꽃 이름에 동그라미 합니다.
- 한 줄에 모두 동그라미를 하면 '빙고!'를 외칩니다.
  (빙고는 가로, 세로, 대각선 모두 가능합니다.)

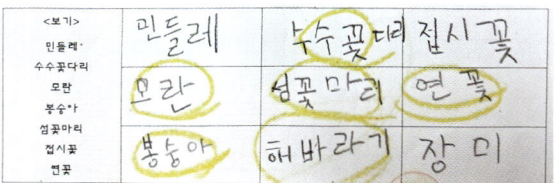

2. 나를 닮은 씨앗 찾고, 나의 씨앗 표현하기 [학습지 ⬇]

그림책을 읽은 후, '씨앗이 씨앗이 ~한 씨앗이' 부분을 함께 읽습니다. 이 과정에서 나의 장점이나 단점, 좋아하는 것이나 싫어하는 것 등을 떠올리며 나를 닮은 씨앗을 찾아봅니다. 이때 나를 닮았다고 생각되는 씨앗 부분은 내가 좋아하는 색으로 동그라미 합니다. 나를 닮은 씨앗 찾기 활동을 한 후 나의 특징이 드러나는 씨앗을 표현해 봅니다.

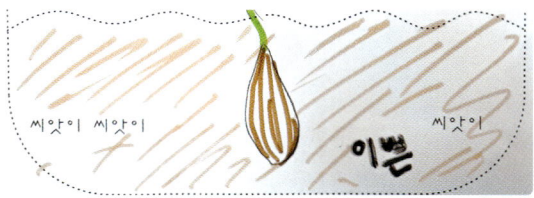

3. 나의 꽃모습 상상하여 표현하기 학습지

나의 특징이 드러난 씨앗에서 나는 어떤 꽃으로 피어날 것인지 생각해 봅니다. 이때 꽃은 되고 싶은 모습이나 직업일 수 있습니다. 나의 꽃모습을 상상했다면 학습지에 쓰고 표현해 봅니다.

내가 씨앗으로 태어나서 꽃으로 잘 자라기 위해 어떤 것이 필요한지도 생각해 봅니다. 가족, 친구, 선생님 등의 주변 사람을 생각해 보고, 내가 앞으로 해야 할 일은 무엇이 있을지를 생각해 보고 씨앗과 꽃 주변, 잎에 씁니다.

빙고 놀이로 '띠 빙고 놀이'도 좋아요. 학습지

색다른 빙고 놀이를 원한다면 띠 빙고 놀이도 좋아요. 띠 빙고 놀이는 띠에 일곱 가지의 꽃 이름을 쓰고 시작해요. 일곱 가지 꽃 이름 중 띠의 끝에 있는 꽃 이름이 불리면 그 꽃 이름을 잘라낼 수 있어요. 꽃 이름은 반복해서 부를 수 있어요. 꽃 이름을 모두 잘라낸 학생은 '빙고!'를 외쳐요.

실제 꽃 사진을 보여주거나, 꽃 모양이 그려지지 않은 학습지를 제공해도 좋아요. PPT 학습지

꽃모습을 상상하여 표현하기 전 그림책에 나오는 꽃의 실제 사진을 보여줄 수 있어요. 그리고 꽃모습을 상상하여 표현할 때 꽃 모양이 그려지지 않은 학습지를 제공하여 학생들이 원하는 나의 꽃모습을 그리고 써 보는 것도 좋아요.

나는 ○○의 귀재!

추천 대상 : 전 학년

나는 빵점!

한라경 (글), 정인하 (그림)
토끼섬 (2021년)

―――――――――――――――――

"내 얼굴은 누렇고 네모나. 예쁜 장식도 없고, 달콤하지도 않지. 케이크에 비하면 나는 빵점이야!" 케이크를 본 식빵은 케이크를 기준으로 삼아 다른 빵에 점수를 줍니다. 식빵, 소라 빵, 소보루 빵, 찹쌀 빵, 크루아상, 공갈 빵 모두 빵점이라고 생각합니다. 그러다 빵집 아저씨가 써놓은 식빵 소개문을 읽고 나서 자신의 장점을 발견하게 됩니다.

이 그림책은 학생들이 좋아하는 빵을 소재로 진정한 '나다움'에 대해 생각해 볼 수 있는 책입니다. 다른 빵들은 '빵점'을 '가장 빵답다.'라는 뜻으로 받아들이고 좋게 생각합니다. 이 그림책을 읽는 학생들도 자기를 다른 사람과 비교하기보다는, '자기다운 것'을 특별하고 아름답다고 생각했으면 좋겠습니다. 그림책을 읽으며 존재하는 자체로 소중하고 특별하다는 것을 깨닫게 되길 바랍니다.

그림책 활동

1. 내가 좋아하는 빵 고르기 `학습지`

책을 읽기 전 수업에 대한 흥미를 높이기 위한 활동입니다. 그림책에 나오는 빵 사진을 교실에 게시하고 자기가 좋아하는 빵에 스티커를 붙입니다. 스티커를 여러 개 나누어 주어, 한 학생이 두 개 이상의 빵을 선택하도록 합니다. 그 빵을 선택한 이유를 자유롭게 발표해 보고, 빵마다 사람들이 좋아하는 이유가 다양하게 있다는 점을 알아봅니다.

여러분은 어떤 빵을 좋아하나요?
내가 좋아하는 빵에 스티커를 붙여보세요.

여러분은 어떤 빵을 좋아하나요?

2. 나는 OO의 귀재! `학습지`

책을 읽은 후 식빵의 장점에 대해 생각해 봅니다. 식빵은 자신이 빵점이라고 생각했지만, 달걀과 함께 간편하게 즐길 수도 있고, 달걀과 우유에 적셔 구워 먹을 수도 있습니다. 뿐만 아니라 잼과 함께 먹을 수도 있고, 치즈를 올려 먹을 수도 있고, 샌드위치로 든든하게 먹을 수도 있는 '변신의 귀재'였습니다. 각자 나만의 장점을 생각해 보고, 나는 무엇의 귀재인지 발표해 봅니다.

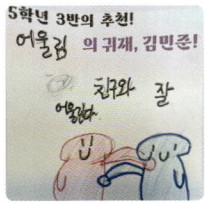

3. 나만의 식빵 만들고 소개하기

식빵은 어떤 재료와 만나느냐에 따라 얼마든지 특별하게 변할 수 있는 존재입니다. 다양한 재료를 활용하여 나만의 식빵을 만들어 봅니다. 식빵의 이름을 짓고 친구들에게 소개합니다. 내가 만든 식빵이 다른 식빵과는 다른 특별한 식빵인 것처럼 '나'는 세상에 하나밖에 없는 소중한 존재이며, 이 세상의 모든 생명은 다 존중받아야 할 존재임을 되새깁니다.

다른 활동으로 대체할 수 있어요.

요리 활동이 가장 재미있고 학생들이 좋아하는 활동이겠지만, 여건이 되지 않는다면 다른 활동으로 대체할 수 있어요. 스펀지, 유성 매직, 눈 스티커를 활용해 '나만의 식빵 스퀴시 만들기'를 할 수도 있어요. 스펀지를 식빵 모양으로 잘라 테두리를 유성 매직으로 칠한 후, 눈 스티커를 붙여 주면 간단히 식빵 스퀴시를 만들 수 있어요.

'모두 다 꽃이야.' 노래를 활용할 수 있어요.

수업 시작이나 마무리 때 '모두 다 꽃이야.' 노래를 함께 불러보고, 나만의 식빵을 만들 때 배경음악으로 노래를 틀어주는 것도 좋아요. 산에 피어도, 들에 피어도, 길가에 피어도, 아무 데나 피어도, 생긴 대로 피어도, 이름 없이 피어도, 봄에 피어도, 여름에 피어도, 몰래 피어도 모두 다 꽃이라는 가사를 들으며 이 세상 모든 것들은 그 자체로 소중함을 생각해 볼 수 있어요.

걱정을 담아두는 따뜻한 응원 상자

추천 대상 : 전 학년

걱정 상자

조미자 (글·그림)
봄개울 (2019년)

도마뱀 주주는 걱정이 끊이지 않습니다. 수많은 걱정이 머릿속에 가득 차서 아무것도 하지 못한 채, 무기력하게 드러누워 한숨만 쉬고 있습니다. 그런 주주에게 호랑이 호가 다가와 상자에 걱정들을 담아 보자고 합니다. 주주와 친구들은 산더미같이 쌓인 걱정 상자들을 어떻게 다룰지 고민합니다. 걱정 상자를 가만히 바라보기도 하고, 저 멀리 치워보기도 하고, 알록달록 예쁘게 꾸며보기도 합니다. 친구들의 따뜻한 마음에 위로받은 주주는 비로소 편안한 웃음을 짓게 됩니다.
그림책 '걱정 상자'는 모호한 걱정을 눈에 보이는 것으로 구체화하고, 걱정을 다루는 다양한 방법을 모색하는 과정을 보여줍니다. 실제로 학생들은 자기가 지쳐있다는 것을 인식하지 못하거나, 마음을 괴롭히고 있는 걱정이 무엇인지 분명히 알아채기 어려워하는 경우가 많습니다. 아무리 노력해도 걱정들이 기적처럼 동시에 사라지지도 않습니다. 그러나 누군가에게 걱정을 털어놓고 함께 고민하다 보면, 걱정에 잠식되지 않고 성큼성큼 걸어갈 수 있는 용기가 생기곤 합니다. 그림책 '걱정 상자'를 읽으며 다정한 친구 호랑이 호의 손을 꼭 잡고, 서로의 마음을 따뜻하게 보듬어 주는 시간을 가져보면 좋겠습니다.

그림책 활동

1. 걱정 이야기하기

그림책을 모두 읽고 난 후, 걱정의 개념에 대해 함께 정하도록 합니다. 우울하다, 답답하다, 쓸쓸하다, 외롭다, 속상하다, 불안하다 등 다양한 감정언어를 활용하여, 걱정으로 인해 마음에서 일어나는 다양한 감정들에 대해 알아봅니다.
내가 갖고 있는 걱정들을 떠올려 봅니다. 그중 주변에 이야기할 수 있는 걱정을 골라, 친구들에게 공유하고 서로 공감하는 시간을 갖습니다. 짝 활동, 모둠 활동, 전체 활동으로 점차 학생 수를 늘려가며 자유롭게 이야기할 수 있도록 합니다.

2. '걱정 상자' 채우기

텅 비어 있는 상자 하나를 준비합니다. 학생들에게 종이를 나누어주고, 이름을 적지 않고 자기의 걱정들을 적어보도록 합니다. 학생들이 편안한 마음으로 활동에 참여할 수 있도록 잔잔한 음악을 틀어주어도 좋습니다. 종이 한 장에 걱정 하나를 적어도 좋고, 여러 걱정들을 한꺼번에 적어도 좋습니다. 여러 종이에 다양한 걱정들을 나누어 적어도 좋습니다. 종이를 구기고 뭉쳐서 걱정 상자 안을 채웁니다. 아이들의 걱정들로 어느새 걱정 상자가 가득 찹니다.

3. '걱정 상자' 꾸미고 지켜보기

걱정으로 가득 채운 걱정 상자의 뚜껑을 닫고, 각 면을 알록달록 예쁘게 꾸며봅니다. 한 면에 서너 명의 학생들이 협동하여 그림을 그리고 색칠합니다. 서로를 응원할 수 있는 문장을 적어도 좋습니다. 상자 안에 들어있는 걱정들이 사라지고 친구들이 홀가

분하게 웃을 수 있기를 바라는 마음을 글과 그림으로 표현합니다.

완성한 걱정 상자를 교실에 전시합니다. 누구나 바라볼 수 있는 곳에 전시하여, 걱정을 숨기지 않도록 합니다. 걱정을 드러내어 인정하고 시간이 흘러 괜찮아지는 것을 경험할 수 있도록 합니다.

걱정이 없다는 학생에게는 넓은 의미의 걱정을 예로 들어주세요.

막상 걱정을 떠올려 보라고 하면, "난 걱정이 없어요."라고 이야기하는 학생들이 있어요. 그런 경우에는 내가 두려워하는 일, 피하고 싶은 일, 하고 싶지 않은 일, 싫어하는 일들을 써도 좋다고 이야기해 주세요. 선생님의 걱정을 소개해 줘도 좋아요. 친구들의 걱정을 들어보고 그중 가장 공감이 되는 것을 고르도록 알려줄 수도 있어요.

활동이 끝난 후, 걱정 상자를 열어 학생들의 걱정을 읽어볼 수도 있어요.

걱정 상자 안에는 현재 학생들이 갖고 있는 걱정들이 가득 담겨있어요. 활동이 끝난 후, 걱정 상자를 열어 학생들의 걱정을 들여다볼 수 있어요. 선생님이 학생들의 걱정을 인지하고 교육활동을 하는 것은 생활지도에 큰 도움이 돼요.

걱정 상자 활동을 정기적으로 할 수 있어요.

걱정 상자 활동은 한 번으로 끝내지 않고, 정기적으로 여러 번 활동할 수 있어요. 학생들도 처음보다 반복했을 때 더 수월하게 참여해요. 걱정을 털어놓고 나누는 것에 대한 거리낌이 줄어든다면, 나중에는 걱정 상자 속 걱정들을 다 함께 펼쳐보며 읽어볼 수도 있어요.

세상과 마주한 나를 응원해

추천 대상 : 전 학년

나는 (　)사람이에요

수전 베르데 (글)
피터 H. 레이놀즈 (그림)
김여진 (옮김), 위즈덤하우스 (2021년)

이 세상에 하나뿐인 존재인 '나'는 끊임없이 배우고, 나만의 길을 찾으며, 꿈을 꿉니다. 나는 호기심도 많고, 자연에 감탄하며, 노는 것을 좋아합니다. 하지만 때로는 실수도 하고, 두려움에 사로잡히며, 좌절하기도 하는 존재입니다. 그래도 다시 힘차게 시작하는 선택을 할 수 있는 '사람'입니다.

갈수록 높아지는 청소년 자살률 소식을 어렵지 않게 듣게 됩니다. 누구나 인생을 살다 보면 어려운 일을 마주합니다. 그러나 작가는 '사람'은 다시 힘차게 앞으로 나아갈 수 있는 존재라고 말하고 있습니다. 이 세상에 하나뿐인 존재들이 스스로 소중한 삶을 마감하는 일이 더는 일어나지 않길 바랍니다.

그림책 활동

1. '나' 표현하기 학습지

그림책을 읽기 전, 각자의 특성을 고려하여 나는 어떤 사람인지 정의해 보는 활동입니다. 먼저 책 표지의 주인공 표정을 살펴보며 주인공이 어떤 사람일지 추측합니다. 추측한 내용을 학습지에 적어보고 발표합니다. 그리고 나는 어떤 사람으로 표현할 수 있는지 생각해 봅니다. 나를 대표하는 내용을 적어보도록 합니다. 좋아하는 것을 표현하거나 잘하는 것을 표현해도 좋고, '나' 하면 떠오르는 느낌을 적어도 좋습니다.

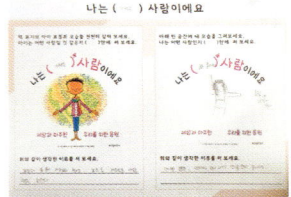

2. '사람' 탐색하기

그림책을 읽으며, 사람은 다양한 모습을 가지고 있다는 것을 알아봅니다. 앞의 '나' 표현하기 활동에서는 나를 대표할 수 있는 모습을 찾아보았다면, 이번 활동에서는 사람이라면 누구나 가지고 있는 여러 가지 보편적인 모습에 대해서 알아봅니다. 책에서 나오는 사람의 다양한 모습을 마인드맵으로 완성해 봅니다. 책을 함께 읽으며, "이 부분을 보니 사람은 어떤 존재라고 생각하나요?"와 같은 질문을 통해 책의 내용 순서에 맞게 반 학생 전체가 함께 마인드맵을 완성해 나가면 됩니다. 고학년이라면 짝 활동이나 개인 활동으로 진행해도 좋습니다. 책을 끝까지 다 읽고 나서 스스로 기억을 떠올려 각자 마인드맵을 완성할 수 있습니다.

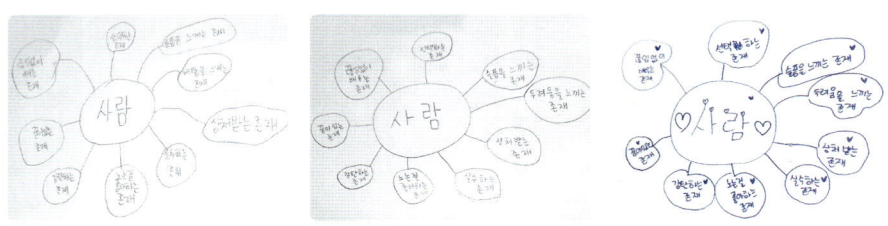

3. 응원 책갈피 만들기

실수도 하고, 두려움을 느끼기도 하는 존재인 나에게 응원의 말이 담긴 책갈피를 만들어 보는 활동입니다. OHP 필름이나 색지를 책갈피 크기로 잘라 학생들에게 나누어 줍니다. 책갈피 위에 네임펜을 이용하여 응원의 말을 적습니다. 응원 말의 주변에 어울리는 그림을 그리거나 스티커를 붙여 완성합니다. 완성된 책갈피 작품 윗부분에 펀치로 구멍을 뚫어 끈을 매달아 줍니다.

자신에 대한 부정적인 표현도 있는 그대로 수용해요.

'나를 표현하기' 활동은 나를 대표하는 표현을 생각해 보는 시간이에요. 만약 학생이 낮은 자존감으로 자신을 부정적으로 표현하더라도 있는 그대로를 수용해 주세요. 수업을 마칠 때에는 부정적인 모습을 가지고 있음에도 불구하고 나는 존재 자체로 소중하다는 마음을 가질 수 있도록 학생을 격려해 주세요.

마인드맵은 학습지가 아닌 다른 방법을 이용해도 좋아요.

사람의 다양한 모습을 정리할 때 마인드맵 학습지를 이용해도 되지만 짝과 함께 화이트보드를 이용하는 방법도 있어요. 혹은 교사와 함께 칠판에 같이 정리해 보아도 좋아요. 이 활동의 핵심은 '마인드맵'이라는 방법이 아니라, 누구나 다양한 모습을 가지고 있다는 것을 인지하는 거예요.

나의 삶을 되돌아보아요

추천 대상 : 4~6학년

삶

신시아 라일런트 (글)
브렌던 웬젤 (그림·만화)
이순영 (옮김), 북극곰 (2019년)

삶은 아주 작은 것에서부터 시작됩니다. 몸집이 크든 작든, 개체 수가 많든 적든, 동물이든 식물이든 사람이든…. 우리는 아주 작은 생명체로 태어나 점점 자라나게 됩니다. 우리의 삶에는 사랑하는 것들이 가득합니다. 하지만 그것을 잃고 방황하거나 어둠에 빠지기도 합니다.

이 책을 읽으며 학생들은 자신이 사랑하는 것, 자신을 힘들게 하는 것을 떠올리고 자연스럽게 자신이 지나온 삶을 되돌아보게 됩니다. 책이 말하고자 하는 바는 다음과 같습니다. '아무리 힘들고 어려운 상황도 언젠간 지나가며 우리는 미래의 희망을 품자'. 이 메시지가 전해질 때 학생들은 비로소 '생명 존중'의 진정한 의미를 이해하고 삶에 적용할 수 있습니다. 자신의 삶을 조금 더 긍정적으로 바라보고 희망을 품을 수 있도록 만들어주는 책입니다.

그림책 활동

1. 생명 존중 서약서 작성하기 학습지

책은 '매', '낙타', '뱀' 등의 동물들에게 무엇을 가장 사랑하는지 묻습니다. 그리고 이어서 '매는 하늘을 사랑할 겁니다.' 등 작가가 생각하는 답을 적어놓았습니다. 이 활동을 진행할 때 답을 보여주기 전 질문을 던집니다. '매는 무엇을 가장 사랑할까요?' 아이들은 동물의 입장이 되어 다양한 생각을 펼칩니다. '매'의 경우 '하늘'뿐 만 아니라 '날개', '쥐', '가족' 등 다양한 답변이 나왔습니다. 브레인스토밍이 지나면 잠시 멈추어 자신의 삶을 되돌아보는 시간도 가집니다. 삶에서 자신이 사랑하는 것과 자신을 힘들게 하는 것을 생각해 보는 활동입니다. 이 내용은 생명 존중 서약서의 일부가 됩니다. 아래 생명 존중 서약서의 빈칸에 이름과 되돌아본 나의 삶에 대해 적고 회색 글씨는 따라 쓰며 생명 존중의 의미를 다시금 새겨보는 시간을 가집니다. 생명 존중을 다짐하며 삶을 포기하는 순간이 와도 내가 사랑하는 것과 나를 도와줄 사람들을 떠올리고 미래에 대해 조금 더 희망을 품도록 도와주는 활동입니다.

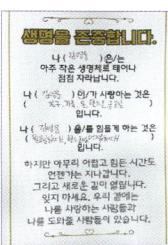 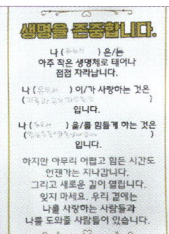

2. 내가 사랑하는 것들이 떨어진다면? 동영상

이 활동은 사랑하는 것들이 가득할 때의 자신의 모습을 상상해 보는 활동입니다. 도안의 테두리에 맞추어 나만의 캐릭터를 그리고 양옆의 칸에는 내가 사랑하는 것들을 그려 넣습니다. 이후 나의 캐릭터 위로 내가 사랑하는 것들이 마구 떨어져 행복해하는 영상을 확인할 수 있습니다. 나의 모습과 내가 사랑하는 것들을 재미있는 활동으로 형상화하며 나의 삶을 조금 더 행복한 관점에서 바라볼 수 있습니다. 아래 1번 QR로 어플에 접속할 수 있으며 로그인이 필요 없이 바로 활용 가능합니다. 원더아트 어플 이용 방법은 동영상을 참고해 주세요.

 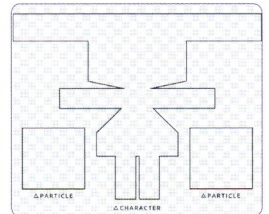

원더아트 어플
접속 링크 QR

3. 내 이름 도장 만들기

폭신폭신한 우레탄 폼을 여러 겹 붙여 도장을 만드는 활동입니다. 먼저 색종이로 도안을 만들고 이를 우레탄 폼에 두세 차례 옮겨 그려 잘라냅니다. 도안의 구성은 나의 이름과 내가 사랑하는 것 또는 이를 표현한 기호입니다. 큰 판에 잘라낸 우레탄 폼을 붙여 나만의 애정이 담긴 이름 도장을 완성합니다. 이때 도장을 찍을 부분이 확실해지도록 우레탄 폼을 두 번 이상 겹쳐 붙여 돌출 부분이 두드러지게 해주세요. 내 이름과 내가 사랑하는 것을 꽤 오랜 시간 그리고 자르고 붙이며 삶의 소중함을 느낄 수 있습니다. 또한 이 도장을 직접 찍어보고 친구들과 공유하며 친구의 삶의 소중함도 함께 생각해 볼 수 있는 활동입니다.

그림책 수업 팁!

활동 2에서 활동을 마친 학생들은 서로 공유할 수 있는 장을 마련해 주세요.

학생들은 자신의 작품도 열심히 만들지만 다른 친구들의 작품도 궁금해해요. 실제로 링크를 통해 쉽게 공유할 수 있게 되어있으므로 학생들이 서로의 작품을 보고 누구 작품일지 맞혀보는 활동을 진행해 주세요. 학생들에게 보다 재미있고 의미 있는 활동이 될 거예요.

활동 3에서 우레탄 폼을 붙일 때 좌우 반전을 꼭 신경 써주세요.

완성된 도장을 찍었을 때 이름이 정확히 표현되려면 좌우가 반전된 도장이 필요해요. 이를 확인하기 위해 임시로 붙인 뒤 뒤집어서 맞게 붙였는지 스스로 확인할 수 있도록 지도해주세요. 또한 eva판을 붙일 때는 글루 건이 아닌 목공 풀로도 충분하며 접착 eva판을 활용하면 더욱 쉽게 활동을 할 수 있어요.

동물들아 미안해

추천 대상 : 전 학년

울지 마, 동물들아!

오은정 (글·그림)
토토북 (2020년)

동물들은 말하지 못한다는 이유로 많은 감정을 무시당하곤 합니다. 그리고 사람들에 의해서 사고 팔리기도 하고, 갇히기도 하며, 내다 버려지기도 합니다. 학생들이 흔히 볼 수 있는 동물원의 동물들, 그리고 환경 오염으로 인해 아파하는 동물들, 실험에 동원되는 동물들 등 사람들에 의해 희생당하고 있는 동물들에 대하여 조명하고 있는 책입니다.

이 책을 읽고 학생들과 여러 가지 활동을 하면서 동물이라는 이유로 생명을 가볍게 여기지 않도록 학생들이 스스로 돌아볼 수 있기를 바라며 활동을 구성하였습니다. 동물을 사랑하는 학생들이 장차 동물을 사랑하는 어른들로 자라나기를 기대합니다.

그림책 활동

1. 몸으로 말해요.

그림책에 나왔던 동물을 몸으로 표현하고 친구들은 어떤 동물인지 맞추는 게임을 해봅니다. 1단계에는 무음으로 행동만 하기, 2단계에는 울음소리만 내기, 3단계 1글자 알려 주기 등으로 단계를 제시해 주면 대부분 다 맞추게 됩니다. 이 활동을 통해서 학생들은 그림책에 어떤 동물이 나왔었는지 다시 한번 상기하게 되고 그림책의 내용에 대하여 다시 한번 기억할 수 있습니다.

2. 동물들을 위한 목소리를 내요. 학습지

동물들에게 하고 싶은 말을 적은 메시지 카드를 3장씩 들고 교실을 돌아다니며 친구들과 가위바위보를 합니다. 가위바위보를 해서 이긴 사람은 친구에게 카드에 적힌 말을 하며 카드를 친구에게 주고 헤어집니다. 그리고 새로운 친구를 만나 다시 가위바위보를 합니다. 그러면 또 이긴 사람은 카드를 주면서 말을 하고, 진 사람은 카드가 한 장 더 늘어나는 것입니다. 손에 들고 있는 카드가 모두 없어질 때까지 계속합니다. 이 카드 게임을 통해서 학생들은 동물들을 위한 따뜻한 말을 반복적으로 말하게 되고, 이를 통해 그림책을 통해 느꼈던 동물 보호에 대한 마음을 내면화 할 수 있습니다.

3. 동물 보호 홍보 대사가 되어요.

그림책을 읽고 가장 기억에 남는 동물을 떠올려보고, 전하고 싶은 동물 보호 메시지를 생각해보는 시간을 가집니다. 꼭 그림책에 나왔던 내용이 아니라도, 평소에 내가 동물들을 불쌍하게 생각했던 순간이 있었는지, 사람들이 동물들을 괴롭힌다는 생각이 든 적이 있는지를 떠올려 봅니다. 생각을 마친 학생은 학습지에 나만의 동물 열쇠고리 도안을 만듭니다. 기존의 열쇠고리와 차별화 되는 점은 단지 동물 모양의 열쇠고리가 아니라 동물 보호, 생명 존중에 대한 메시지를 담는 것입니다. 슈링클스 종이와 열쇠고리 줄을 이용하여 열쇠고리를 만듭니다. 슈링클스 종이의 매끈한 부분에 네임펜으로 그림을 그리고 반대쪽 거친 면에 색연필로 색칠을 하면 좌우 반전 없는 열쇠고리를 만들 수 있습니다. 글씨를 함께 넣을 때는 좌우 반전 여부가 중요합니다.

❶ 종이에 밑그림을 그린 뒤 종이 위로 슈링클스 종이를 올려 슈링클스 종이의 매끈한 면에 네임펜 등으로 베껴 적습니다.

❸ 열쇠고리를 연결하는 줄을 달 구멍을 펀치로 뚫습니다. 예열된 오븐에 작품을 넣습니다.

❷ 그림의 뒷면을 색연필로 알록달록 색칠합니다.

❹ 예열된 오븐에 종이를 넣었다가 수축이 끝나면 꺼내고 그 즉시 납작한 접시 등으로 꾹 눌러 줍니다. 고리를 달면 완성!

그림책 수업 팁!

수축시키기 전에 이름을 써야 해요.

슈링클스 종이를 오븐의 열에 의해서 수축시키는데, 오븐에 학급의 여러 학생의 작품을 동시에 넣다 보면 수축한 뒤에 내 것을 찾기 어려울 수 있어요. 작품 속에 자신의 이름을 미리 적어두고 수축을 시키면, 작품이 완성된 뒤 내 것을 쉽게 찾을 수 있어요.

저학년 학생에게 읽어 줄 때는 다소 잔인한 부분으로 묘사되는 부분은 뛰어넘고 읽어주어도 괜찮아요.

그림책의 내용 중에 동물을 해부하는 것이라든지, 지나치게 사실적으로 묘사된 부분은 저학년 학생들의 정서에 맞지 않아 그 부분은 뛰어넘고 읽어주었어요. 앞뒤 관계가 이어지는 이야기식 전개가 아니라서 뛰어넘고 읽어주어도 괜찮아요.

혼자 그림을 그리기 어렵다면 그림책의 그림을 베껴 그려요.

아이들에게 동물 그림을 그려보라고 하면 어떻게 그려요? 라고, 반문하는 경우도 많이 있어요. 저학년의 경우 더욱 그렇지요. 그럴 경우에는 슈링클스 종이가 비친다는 점을 이용하여 그림책이나 다른 도안을 인쇄해 두고 베껴 그리는 전략을 사용해요. 읽었던 그림책 중에 인상 깊었던 동물의 모습을 그대로 베껴 그려도 좋아요.

누구나 환영합니다
세상에 단 하나뿐인 아주 특별한 식당

추천 대상 : 전 학년

쌍둥이할매식당

우에가키 아유코 (글·그림)
이정선 (옮김)
키위북스 (2012년)

매일 신선한 재료로 '오늘의 추천 요리'를 정성스레 선보이는 식당이 있습니다. 다정하고 친절한 안나, 한나 쌍둥이 할머니의 식당은 이웃들이 줄을 서서 먹을 정도로 마을에서 소문난 맛집입니다. 어느 날 밤, 정체를 알 수 없는 그림자가 할머니들을 어디론가 데려가고, 그곳에서 마법 같은 일들이 펼쳐집니다. 마음씨 좋은 쌍둥이 할매는 아내와 아이들이 아파 걱정하는 곰씨네 가족을 위해 맛있는 수프를 만들고, 맛있는 수프를 만들고, 그 냄새를 맡고 찾아온 동물들과 만찬을 하게 됩니다. 그 후 쌍둥이 할매의 식당은 이웃 사람뿐 아니라 동물까지도 함께 할 수 있는 식당으로 거듭납니다. 동물들은 숲에서 난 과일이나 나무 열매, 버섯을 음식값으로 내는데, 그 재료로 만든 음식들이 단연 인기 최고랍니다. 사람과 동물이 서로 베풀고 공존하는 이야기를 통해 다른 생명을 존중하는 태도를 기르고, 내가 나눌 수 있는 것은 무엇일지 생각해 보고자 합니다.

그림책 활동

1. 두더지 발표로 경청하며 생각 나누기 학습지

학생들과 그림책의 제목과 표지를 함께 읽으며, 눈에 보이는 것이나 마음에 드는 것을 골라 3~5개씩 적어봅니다. 쌍둥이 할매와 동물들, 식당 간판도 살펴보고, 오늘의 추천 요리가 적힌 메뉴판도 살펴봅니다. 식당 앞에 서 있는 동물들이 하나씩 들고 있는 바구니도 찬찬히 살펴봅니다. 뒤표지의 경우, 그림책의 결말과 연결되어 있지만, 무슨 일이 생겼던 것일까 추측하는 재미가 있습니다.

이제 서로 찾은 내용을 두더지 발표를 통해 나눠 봅니다. 두더지 발표는 모두 일어나서 시작합니다. 학생들은 돌아가며 자신이 쓴 것을 발표하고, 나머지 학생들은 친구의 발표를 경청하면서 자신이 쓴 것이 나오면 학습지에 ○표시합니다. 그리고 자신이 적은 것이 모두 표시되면 자리에 앉습니다. 이 활동은 표지를 읽으며 내용을 추측하고 동기를 유발하는 데에도 의의가 있지만 인내하며 타인의 말을 경청하는 태도를 기르는 데 목적이 있습니다. 다른 사람을 존중하는 것은 바로, 쌍둥이 할매처럼 그 존재에 공감하고 귀 기울여 듣는 것으로부터 시작됩니다.

2. 바뀐 그림 찾기 학습지

곰씨네 가족과 숲속 동물 친구들을 만난 뒤, 쌍둥이 할매는 가게를 정비하고 광고지도 새로 만듭니다. 그 후에 나오는 식당의 풍경은 초반의 모습과는 사뭇 달라져 있습니다. 바뀐 식당을 화면으로 보여주고 학생들에게 원래 식당의 모습을 학습지로 나누어 줍니다. 화면과 학습지를 비교하며 무엇이 바뀌었는지 찾아봅니다. 동물들과 사람들이 서로 존중하고 배려하는 모습으로 탈바꿈한 쌍둥이 할매 식당! 달라진 식당의 모습에 이내 마음이 훈훈해집니다. 그리고 쌍둥이 할매 식당처럼 나만의 식당을 만들어 봅니다. 식당의 지붕, 건물 부분을 오려 붙이며 나만의 식당을 꾸밉니다.

3. 내가 다른 사람에게 나누고 싶은 음식은? 학습지

"나는 ( ) 때 ( )을/를 먹어요(먹고 싶어요)."를 다 같이 돌아가며 발표하고, 교사는 학생들이 말해준 다양한 음식들을 칠판이나 화면에 보이도록 적습니다. 그리고 학생들과 함께 브레인스토밍을 한 판서를 보며 누구와 어느 음식들을 나누고 싶은지 이야기 나눕니다. 저학년 학생들의 경우, 흔히 가족만 떠올릴 수 있는데 이웃이나 친구, 반려동물이나 길고양이, 동물원의 동물들처럼 주변에서 볼 수 있는 동물도 포함할 수 있도록 격려합니다. 함께 나누고 싶은 음식들을 학습지 안쪽 <오늘의 추천요리>에 그리거나 그림을 오려 붙입니다. 그리고 이 음식들을 누구에게 주고 싶은지 적고, 나만의 식당 책을 완성합니다.

그림책 수업 팁!

두더지 발표를 할 때 활동지에 적는 개수는 학년, 학급에 따라 조절해요!

두더지 발표는 발표에 자신감이 없는 학생들을 배려하고, 모두가 참여할 수 있는 방법이에요. 먼저 모두가 일어나서 시작합니다. 학생들은 돌아가며 자신이 쓴 것을 1개 발표하고, 나머지 학생들은 잘 듣다가 자신이 쓴 것을 모두 나오면 자리에 앉습니다. 비교적 일찍 앉으면 친구들과 생각이 통해서 기쁜 것이고, 늦게까지 서 있으면 독특하고 창의적인 생각이라고 격려해 줄 수 있지요.

나만의 식당 책을 만들 때는 학생들의 수준과 특성에 따라 변형하여 활용할 수 있습니다.

식당 책을 만들기 전에 어떤 식당을 만들고 싶은지, 누구와 어떤 음식을 왜 나누고 싶은지 이야기를 나누면 보다 다양한 학생들의 생각을 이끌어 낼 수 있습니다.

수많은 나, 하나하나 다 소중해요

추천 대상 : 전 학년

나는요,

김희경 (글·그림)
여유당 (2019년)

"세상에는 수많은 나가 있어요. 나는요, 나는 누구일까요?" 겁이 많은 사슴, 자신만의 공간이 편안한 나무늘보 등 여러 동물에 빗대어 자신의 여러 모습이 맑은 수채화 그림으로 펼쳐집니다. 이야기 속 '나'가 행복한 표정으로 동물과 어우러지며 자신의 모든 모습을 수용하는 장면이 따뜻하고 편안한 느낌을 주는 책입니다.

이 책에 나오는 '나'의 특징 중의 일부분은 스스로 움츠러들거나 불만족스럽게 느껴질 수 있는 부분입니다. 경쟁 사회에 내몰린 우리 아이들이 봤을 땐 더 그럴 수 있습니다. '나' 안에 있는 여러 모습을 살펴보고 그 모두가 나를 이룬다는 사실을 받아들이며 나를 소중히 여기는 시간을 갖길 바랍니다.

그림책 활동

1. 동물 이름 맞추기 `PPT ⬇`

책 내용 앞부분을 아이들에게 보여주며 어떤 동물일지 맞히도록 합니다.

> 나는 작은 일에도 깜짝깜짝 놀라요. 나는 누구일까요? (사슴)
> 나는 나만의 공간이 좋아요. 나는 누구일까요? (나무늘보)
> 처음 도전하는 순간 항상 몸이 떨려요. 나는 누구일까요? (날치)

동물 이름 맞추기를 세 번 한 뒤, 이 중에서 자신과 비슷한 특징을 가진 동물이 있는지 학생들에게 묻습니다. 그림책을 다 읽고 등장하는 동물 중 자신의 성격과 비슷한 동물이 있는지 짝이나 모둠과 이야기 나누면 재밌습니다. 단순하게 동물 이름만 말하기보다 어떤 모습을 한 동물인지 묘사하거나 이유를 말합니다. 자신의 특징을 쓰라고 하면 어려워하지만, 자신을 닮은 동물이 떠올리라고 하면 편안하게 자신을 투사합니다.

2. 나는 누구일까요? `학습지 ⬇`

그림책에 나온 것처럼 자신의 특징을 5가지 적고, 각 특징을 잘 표현할 수 있는 동물을 정합니다. 다음 예시처럼 어떤 모습을 하는 동물인지 꾸며주는 말이나 설명하는 말을 넣어 구체적으로 적도록 지도합니다.

> **예시**
> 나는 동생이 내 물건을 건드리면 화가 나요. (동물명: 가슴 치는 고릴라)
> 나는 달리기할 때 신나서 날아갈 것 같아요. (동물명: 달리는 표범)
> 나는 친구가 먼저 말을 걸면 가슴이 두근두근해요. (동물명: 함께 헤엄치는 거북이)

3. 모두 ㅇㅇ이에요

두 번째 활동에서 나온 학습지를 걷어서 아이들에게 누구인지 맞히는 퀴즈를 냅니다. 참여 방법은 선생님이 학습지 내용을 읽으면 정답! 외치고 '모두 윤희예요!'라고 해당하는 학생의 이름을 말합니다. 이때 자신과 짝은 맞출 수 없고 기회는 학생 한 명 맞출 때마다 한 번씩 줘야 경청하면서 문제를 풉니다. 활동을 마치고 자신과 비슷한 성격인 친구나 전혀 다른 친구, 새롭게 알게 된 사실이 있거나 어떤 생각과 느낌이 드는지 나누는 것도 좋습니다.

"이 그림은 뭐 하고 있는 것일까?" 그림부터 보여주고 내용을 추측할 수 있어요.

책 읽기 전 동물 이름을 맞추는 놀이는 처음 나온 세 마리의 동물에 관한 내용이에요. 그다음 등장하는 동물인 문어부터는 그림을 먼저 보여주고 내용은 포스트잇으로 가리고 제시하면 다양한 이야기를 끌어낼 수 있어요.

'나는 누구일까요' 활동은 그림으로 나타내도 괜찮아요.

자신의 특징을 글로 자세히 표현하기 힘든 학생이나 저학년의 경우에는 글로 쓰지 않고 그림으로 표현해도 좋아요. 단순히 예쁘거나 멋진 그림이 아니라 어떤 행동을 하고 있어야 한다는 점을 안내해요. 3, 4학년의 경우, 다섯 가지가 모두 자신을 나타낸다고 강조하는 게 좋아요. 학생 한 명이 이 활동을 그림책 읽어줄 때 했던 동물퀴즈로 착각해서 [나는 하루에 똥을 5kg씩 싸요(코끼리)]라고 썼어요. 그래서 학생들이 '너는 똥을 그렇게 많이 싸냐?'라고 웃은 일이 있어요.

소중한 나를 찾기

추천 대상 : 1, 2학년

내가 나를 골랐어!

노부미 (글·그림), 황진희 (옮김)
위즈덤하우스 (2020년)

'내가 나를 골랐어!' 그림책은 '태어나기 전에 자신이 하고 싶은 일과 재능을 고른다면 어떤 일이 생길까?'라는 독특한 발상으로 만들어진 그림책입니다. 그림책을 쓴 작가는 엄마 배 속에 있을 때를 기억하는 어린이 100명을 만나서 글을 썼다고 합니다. 과연 학생들은 자신이 태어나기 전에 어떤 일을 하고 싶었고 어떤 재능을 선택했을까요? 자신이 태어나기 전에 선택했던 재능들을 살아가면서 찾기 위해서 어떤 노력을 해야 할지에 대해서도 생각해 보게 하는 그림책입니다.

그림책 수업을 통해 학생들이 자신이 태어나기 전에 하고 싶었던 일과 재능이 무엇이었을지 생각해 보며 자신의 소중함에 대해 생각해 볼 수 있는 활동을 해 보고자 합니다.

그림책 활동

1. 누구일까요?

그림책을 읽기 전 그림책의 마지막 장면을 상상해 볼 수 있도록 하는 활동입니다. 칠판에 그려진 여인의 모습을 보며 '여인은 과연 누구일까?'라고 학생들과 상상을 해 봅니다. 학생들의 다양한 대답을 들어보며 힌트를 세 고개로 제시합니다. 그리고 학생들은 자신의 보드판에 정답을 써서 칠판에 붙여봅니다.

세 고개 힌트

1. 여자입니다.
2. 나를 매우 사랑합니다.
3. 내가 태어날 때 나와 함께 있었습니다.

정답 : 엄마

2. '내가 나를 골랐어' 인터뷰지 완성하기 [학습지]

그림책을 모두 읽은 후 내가 나를 고를 때 무엇을 선택했는지 상상하며 인터뷰지를 완성합니다. 그림책에 나오는 질문을 선택하거나 학년에 맞는 질문들을 추가로 선택할 수 있습니다. 인터뷰지를 모두 완성한 후 짝과 가위, 바위, 보를 하여 이긴 친구가 먼저 질문을 하고 진 친구는 대답을 합니다. 그리고 다음에는 순서를 바꿔서 같은 방법으로 인터뷰 활동을 합니다.

 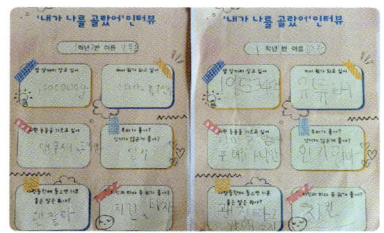

3. 나의 재능 구슬! 너의 재능 구슬! [학습지]

선생님께서 주신 재능 구슬 스티커를 보면서 내가 태어나기 전에 나의 재능 구슬을 골랐다면 어떤 구슬을 골랐을지 상상해 봅니다. 그리고 자신의 학습지에 자신이 선택한 재능 구슬 스티커를 붙입니다. 자신의 재능 구슬 스티커 붙이기가 모두 붙였다면 이번에는 친구들에게 주고 싶은 재능을 찾아봅니다.

선생님은 학생들이 좋아하는 음악을 틀어주거나 타이머를 돌려 활동 시간을 안내합니다. 학생들은 선생님이 제시한 시간 동안 남은 스티커는 친구들에게 주고 싶은 재능을 선택하여 친구들의 학습지에 붙여줍니다. 활동이 모두 끝나면 자신이 선택한 재능 구슬과 친구들이 선택해 준 재능 구슬을 비교해 보고 느낀 점을 발표해 봅니다.

 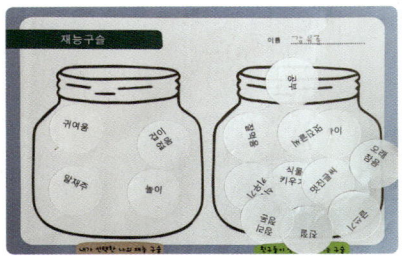

인터뷰 놀이를 할 때는 모형 마이크를 사용해요.

수업 활동을 할 때 인터뷰나 모둠 발표를 할 기회가 많이 있어요. 그럴 때는 모형 마이크를 미리 준비해서 활용하면 좋아요. 발표할 때 조금 더 실감 나게 발표할 수 있는 것은 물론 발표를 누가 하고 있는지도 한눈에 살펴볼 수 있어요.

다양한 규격의 라벨지를 활동에 사용해 봐요.

교과서에는 학생들이 활동을 재미있게 할 수 있는 다양한 모양의 스티커 보조자료가 부착되어 있는 경우가 많아요. 이외에 수업 중 스티커를 활용하여 자료를 제작할 때 다양한 규격의 라벨지를 활용해 볼 수 있어요. 네모 모양뿐만 아니라 동그라미 등 다양한 형태를 판매하고 있어 수업의 목적에 맞게 선택해 볼 수 있어요. 특히 저학년의 경우, 글씨를 쓰는 데 시간이 오래 걸려 수업 진행에 어려움이 있을 수 있어요. 라벨지에 단어나 문장을 출력하여 활동하면 조금 더 쉽게 진행할 수 있어요.

내 안의 소중한 나를 발견하다

추천 대상 : 전 학년

강아지똥

권정생 (글)
정승각 (그림)
길벗어린이 (1996년)

'강아지똥'은 어린 시절 한 번쯤 접해봤을 한국 아동문학을 대표하는 그림책입니다. 흰둥이가 눈 강아지똥은 길가 옆에서 자신이 아무런 쓸모없는 존재라고 여기며 슬퍼합니다. '난 더러운 똥인데 어떻게 착하게 살 수 있을까? 아무짝에도 쓸 수 없을 텐데……'

강아지똥은 자신이 필요 없는 존재라고 여겼지만, 민들레를 도울 수 있다는 사실을 알고 희망을 품게 됩니다.

'강아지똥'의 이야기를 통해, 자신감이 없는 학생들, 희망을 찾지 못해 좌절한 학생들에게 스스로를 존중하는 마음과 용기, 자신과 다른 사람을 힘을 키워줄 수 있을 것입니다. 행복하게 자신을 희생한 강아지똥을 보며 희망과 이타심을 기르고, 타인을 위해 희생하고 배려하는 것이 얼마나 아름다운 일인지 깨달을 수 있기를 바랍니다.

그림책 활동

1. 떠오른 단어 말하기 PPT

읽기 전 활동으로 '강아지똥' 하면 떠오르는 생각을 3개씩 말하도록 합니다. 다른 동물이나 식물도 괜찮고, 느낌이나 감정 등 폭넓은 범위에서 생각하도록 합니다. 학생들은 산책길 - 더러움 - 냄새, 고양이똥 - 휴지 - 더러움 등 부정적인 생각들을 많이 떠올리니 긍정적인 생각을 할 수 있도록 격려해 줍니다.

2. '비밀 학습지' 활동하기 학습지

그림책을 읽어주고, 자신이 형편없다고 느끼고 자신감이 없었던 때가 있는지, 그 이유는 무엇이었는지 비밀 학습지에 적도록 합니다. 비밀 학습지를 다운로드하여 윗부분은 다른 사람이 보지 못하도록 작성합니다. 접는 선을 따라 접은 후, 자르는 선을 따라 잘라 학습지를 아래위로 분리합니다. 학습지를 잘라내면서, 부끄러운 모습이나 자신감 없는 모습이 나 자신으로부터 분리되는 느낌을 받도록 합니다. 학습지를 자르면서 어떤 느낌이 들었는지 발표해 보는 것도 좋습니다. 자른 비밀 학습지 윗부분은 잘 접어서 교실 앞에 마련된 '잘 가!' 쓰레기통에 버리도록 합니다.

비밀 학습지 (양면 인쇄 권장)

비밀 학습지 (윗부분 접는 순서)

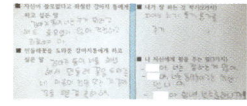

비밀 학습지 (아랫부분)

3. '나는 멋진 강아지똥' 활동하기 PPT 학습지

학습지 아랫부분에 좌절해 있던 강아지똥에게 격려의 말을 해줍니다. 또 민들레를 꽃 피울 수 있도록 자기 몸을 녹여 거름이 된 강아지똥에게 하고 싶은 말을 써줍니다. 학습지 오른쪽에는 강아지똥처럼 자기가 잘할 수 있는 것을 생각해 봅니다. 자기가 잘하는 것을 학습지에 2가지 이상 적고, 자신에게 힘을 주는 말을 3가지를 적어 발표해 봅니다. 못 하는 것이 있을지라도 스스로 사랑하고 격려해 주는 것이 중요함을 깨닫도록 합니다.

4. 커피박 점토 – 열쇠고리와 냉장고 자석 만들기

커피박 점토를 활용하여 쓸모없이 버려질 것 같은 커피 찌꺼기가 멋진 열쇠고리와 냉장고 자석으로 탄생하는 활동을 합니다. 커피박 점토는 방향제로도 쓸 수 있으므로 신발장이나 냉장고에 넣어두어도 좋습니다. 학생들은 이 세상에 쓸모없는 것은 없으며 얼마든지 새로운 기회가 찾아와 변화될 수 있음을 배웁니다.

커피박 작품 만들기

열쇠고리, 냉장고 자석

비밀 학습지는 긴 쪽 양면으로 인쇄해 주세요.

비밀 학습지 활동은 스스로에 대해 자신감이 없고 좌절했던 기억을 떠올린 후, 지금의 자신과 분리해서 버리는 활동이에요. 다른 사람에게 알리고 싶지 않을 수 있기 때문에, 접는 선과 오리는 선을 활용하여 보이지 않게 처리했어요. 긴 쪽 양면인쇄로 인쇄하면, 접은 후에도 아랫부분의 그림이 깨지지 않아, 예쁜 학습지 모양 그대로 유지할 수 있어요. 비밀 학습지 활동을 한 후에는 아랫부분과 분리하고, 쓰레기통에 버리는 것이 중요해요.

커피박 점토를 활용해요.

친환경 소재인 커피박 점토는 본 활동에 제시된 열쇠고리를 만들기 외에도, 친환경 화분 만들기, 나에게 주는 인형 선물 등 다양하게 응용할 수 있어요. 버려질 줄 알았던 커피 찌꺼기가 새롭게 탄생해서 사람들에게 필요하고 기쁨을 주는 것으로 변화된 경험을 해보아요. 단, 점토 활동을 너무나 좋아하는 저학년 학생의 경우, 수업 내용과 관계없이 장난감이나 괴물 등을 만들 때가 있어요. 자칫 장난으로 흐르지 않도록 수업 내용을 다시 한번 설명해 주면 좋아요.

CHAPTER 5
학교폭력예방 교육

학교에서는 여러 학생들이 함께 생활하다 보니, 언어 또는 신체·정서적으로 수많은 갈등 상황에 놓이게 됩니다. 이런 갈등 상황에서 서로를 존중하지 못하고 자기 중심적으로 행동하는 것은 때로 학교폭력의 원인이 되기도 합니다. 학교폭력 예방과 관련된 그림책 활동을 통해 학생들은 자연스럽게 감정 인식, 타인 존중, 협력 등의 가치를 체득하게 될 것입니다. 또한, 이러한 경험은 학교 내 갈등 상황에 대한 예방과 해결에도 도움이 될 것입니다.

'핑'은 나의 몫, '퐁'은 친구의 몫

추천 대상 : 1, 2학년

핑!

아니 카스티요 (글·그림)
박소연 (옮김), 달리 (2020년)

우리는 수많은 관계를 맺으며 살아갑니다. 가족, 친구, 사회, 더 나아가 세상과 관계를 맺습니다. 그러면서 수없이 내 마음을 표현하고 상대방의 마음을 받게 됩니다. 그 과정에서 내 마음을 표현하기를 두려워하기도 하고, 상대방에게서 어떤 답이 돌아올지 궁금해하기도 하며, 어떤 때는 답을 듣지 못하기도 하고, 답을 듣고 마음에 상처받기도 합니다.

그림책 '핑!'은 탁구를 나타내는 핑퐁이라는 말을 이용하여 나의 마음을 표현하고 상대방의 답을 기다리는 것을 이야기하고 있습니다. 학생들이 내 마음을 표현하기를 두려워하지 않고 표현하기를 바랍니다. 내가 마음을 표현했다고 상대방이 그 답을 바로 해야 하는 것도 아니라는 것을 알고, 그 답의 시기도, 방법도 친구의 몫으로 남기고 기다려야 한다는 것을 느꼈으면 합니다.

그림책 활동

1. 낱말 핑퐁 놀이하기

이 활동은 그림책을 읽기 전 활동으로, 세 글자의 낱말을 정하여 두 친구가 한 글자씩 주고받는 놀이입니다. 핑퐁(탁구)에 관해 알려주며 놀이 이름이 왜 핑퐁 놀이인지도 설명합니다. 세 글자의 낱말은 선생님이 정해 줄 수도 있고, 학생들이 친구와 함께 정할 수도 있습니다. 학생들이 좋아하는 동물 '강아지'로 낱말을 정했다고 한다면, 두 친구가 번갈아 가며 '강-아-지-강-아-지-강---'하며 이어가면 됩니다. 그리고 장난감 마이크가 있다면 서로 주고받으며 놀이하면 더 재미있게 놀이할 수 있습니다. 학생들이 바로 짝과 함께하기 어려울 수 있으므로 선생님과 학생이 짝을 지어 시범을 보여주고 놀이를 시작합니다.

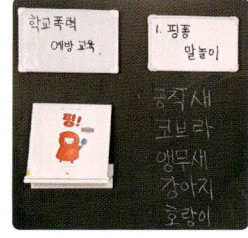

2. '핑' 보내기 학습지 ⬇

'핑' 보내기 학습지와 핑 쪽지를 이용하여 다음과 같이 학습지를 완성합니다.

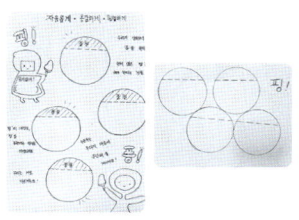
❶ 학습지 1장과 핑 쪽지 1장을 준비합니다.

❷ 학습지 1장과 핑 쪽지를 색칠합니다.

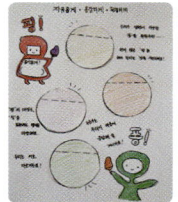
❸ 핑 쪽지 4장을 오려 학습지 풀칠 부분에 풀칠하여 붙입니다.

완성한 학습지의 핑 쪽지에 친구에게 보내는 '핑'을 씁니다. 4명의 친구에게 핑을 보낼 수 있습니다. 친구에게 보내는 '핑'은 책의 내용처럼 고마웠던 일, 미안한 일, 같이 놀자고 이야기하는 것, 좋아하는 마음을 표현하는 것 등 다양할 수 있습니다. '핑'을 쓴 후에는 실물화상기로 보여주며 친구들에게 나의 '핑'을 발표합니다. 이 시간을 통해 '핑'을 받은 친구들이 '퐁'을 준비할 수 있도록 하기 위해서입니다.

   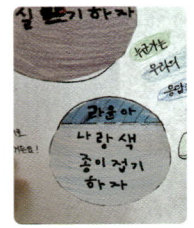

3. '퐁' 보내기   학습지

그림책의 내용처럼 '퐁'은 언제 돌아올지 모릅니다. 그래서 바로 '퐁'을 답하는 시간을 갖지 않고 교실에 완성한 학습지를 전시해 놓습니다. 그리고 학생들에게 '퐁'을 답하는 시간을 줍니다. 나의 마음을 표현하고 상대방의 답을 기다려야 한다는 것을 느낄 수 있습니다.

   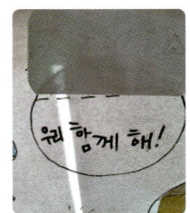

핑을 균등하게 받을 수 있도록 뽑기나 핑퐁 짝꿍 만들기를 해요.

학생들이 핑을 균등하게 받기를 원한다면 뽑기나 핑퐁 짝꿍을 만들어 주면 좋아요. 학생들의 이름이 적힌 뽑기 도구(쪽지, 막대 등)를 활용하여 핑퐁 짝꿍을 뽑은 후, 그 짝꿍에게 핑을 보내고 퐁을 답하도록 해요.

핑 쪽지는 연하게 색칠하도록 해요.

핑 쪽지에는 친구에게 보내는 '핑'을 써야 하므로 연하게 색칠하도록 해요. 그리고 색칠한 쪽지 위에 네임펜을 이용하여 글자를 쓰면 글자가 잘 보일 수 있어요.

'퐁'은 친구의 몫이에요. 그리고 고운 말을 사용해요.

그림책에서 말한 것처럼 '핑'은 나의 몫, '퐁'은 친구의 몫임을 알려요. '퐁'이 언제 돌아올지, 어떤 내용일지, 그리고 실망할 수도 있다는 것을 이야기해요. 또, 자신이 '퐁'을 쓸 때 고운 말을 사용해야 한다는 것도 꼭 미리 알려줘야 해요.

나쁜 말 먹는 괴물 VS 고운 말 먹는 괴물

추천 대상 : 1, 2학년

나쁜 말 먹는 괴물

카시 르코크 (글)
상드라 소이네 (그림·만화)
이정선 (옮김), 그린북 (2016년)

'나쁜 말 먹는 괴물' 그림책 속 괴물은 주인공을 쫓아다니며 주인공이 하는 나쁜 말을 모조리 집어삼켜 먹습니다. 실제로 일어날 수 있는 일은 아니지만 괴물이라는 재미있는 캐릭터를 등장시켜 학생들에게 올바른 언어 사용에 대해 알려 주는 그림책입니다.

다양한 매체를 통해 아이들은 고운 말보다는 나쁜 말을 쉽게 배우며 그 말들이 좋은 말인지, 고운 말인지 구별도 하지 않은 채 일상생활에서 사용하곤 합니다. 어릴 때 형성된 올바른 언어습관은 성인이 되어가는 과정에서도 큰 영향을 미칠 수 있습니다. '나쁜 말 먹는 괴물' 그림책 수업을 통해 학생들은 자신의 언어습관을 돌아보며 앞으로 어떤 말을 사용하는 것이 올바른지 배울 수 있습니다.

그림책 활동

1. 괴물의 정체를 밝혀라.

그림책을 읽기 전 그림책 표지에 등장하는 괴물의 모습만을 보고 학생들에게 괴물은 어떤 특징을 가졌는지 상상해 보도록 합니다. 학생들은 모둠별로 앉도록 하며 교사는 모둠별로 표지를 B4 크기로 크게 확대하여 출력해서 나눠줍니다. 모둠별 학생들은 표지에 등장하는 괴물의 모습을 보며 특징들을 각각 하나씩 생각하여 자신이 갖고 있는 포스트잇에 씁니다. 저학년 학생의 경우 특징에 대해 잘 알지 못하는 경우가 있을 수 있으므로 교사는 괴물의 특징으로 쓸 수 있는 것들을 예시로 제시해 주는 것이 좋습니다. 모둠별로 괴물의 특징을 쓴 표지를 완성한 후에 모둠장이 앞에 나와 자신의 모둠에서 찾은 괴물의 특징을 교실 앞에 나와서 발표합니다. 발표 내용을 모두 들은 후 각 모둠에서 발표한 내용 중 괴물의 공통적인 특징으로 생각한 것은 무엇이었는지 공유하는 시간을 갖습니다.

2. 복불복 그림책 퀴즈 [학습지]

그림책을 모두 읽은 그림책 속 내용을 퀴즈로 만들어 봅니다. 학생들은 퀴즈 만들기 활동을 통해 그림책 내용을 다시 한번 상기할 수 있는 기회를 가지게 됩니다. 퀴즈는 그림책 속에 정답이 나와 있을 수도 있지만 자신의 생각을 묻는 질문도 될 수 있습니다. 준비된 퀴즈 문제지에 문제와 함께 정답을 모두 쓴 후 선생님께 제출합니다. 선생님은 학생들이 제출한 퀴즈 문제들을 뽑기 통에 넣습니다. 그리고 랜덤으로 퀴즈 문제를 선택하여 학생들과 문제들을 풀어봅니다.

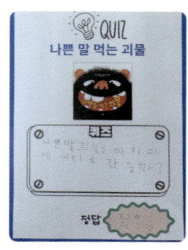 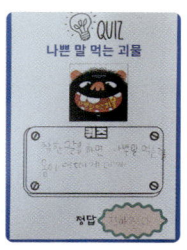 

3. 고운 말 먹는 괴물 학습지

그림책을 읽는 후 그림책 속에 등장하는 나쁜 말 먹는 괴물 대신 고운 말 먹는 괴물이 있다면 어떤 특징을 갖고 있을지 함께 이야기를 나눠 봅니다. 그리고 학생 각자 생각하는 고운 말 먹는 괴물의 특징을 글로 활동지에 쓰고 자신이 쓴 특징에 맞는 괴물의 모습을 그림으로 그려봅니다. 그리고 말 주머니 모양의 포스트잇을 활용해 고운 말 괴물이 더욱 커질 수 있도록 고운 말들을 써서 자신이 완성한 그림 주변에 붙여줍니다.

그림책 수업 팁!

'복불복 그림책 퀴즈' 활동에서 보드판을 활용할 수 있어요.

학생들이 만든 퀴즈를 푸는 과정에서 보드판을 이용한 골든벨 퀴즈처럼 활동을 바꿔볼 수 있어요. 화이트 보드판이나 시중에서 쉽게 구입할 수 있는 골든벨 판을 이용해 볼 수 있어요. 문제를 맞힌 개수를 보드판에 표시하게 하여 퀴즈 활동이 모두 끝난 후 가장 많이 퀴즈를 맞힌 학생은 칭찬해 줘요.

추가 활동으로 〈고운 말 릴레이 게임〉을 해 볼 수 있어요.

활동을 좋아하는 학생들이라면 '고운 말 릴레이 게임'을 통해 다양한 고운 말을 찾아보고 말할 수 있는 기회를 줄 수 있어요. 전체 학생들은 5~6명 정도 한 팀으로 나누도록 해요. 그리고 한 줄로 서서 맨 앞 친구에게 마이크를 줘요. 선생님이 타이머를 켜면 제한된 시간 동안 고운 말을 한 가지씩 말한 후 마이크를 뒤에 있는 학생에게 주며 뒷줄로 이동해요. 만약 자신의 순서가 되었을 때 고운 말이 생각이 안 나면 "고운 말 생각해 볼게요."라고 말하고 뒷줄로 이동해요. 제한된 시간 동안 가장 많은 고운 말을 말한 팀이 승리하게 되는 게임이에요.

'싫어!'도 연습이 필요해

추천 대상 : 1, 2학년

싫다고 말하자!

제니 시몬스 (글), 크리스틴 쏘라 (그림)
노지양 (옮김), 토토북 (2022년)

동의 교육이란 동의의 정의를 명확히 이해하고, 내 생각을 확실히 밝히는 법, 다른 사람의 의견을 존중하는 법을 배우는 것입니다. 어려서부터 동의하고 거절하는 법을 배우는 것은 아주 중요한 일입니다. 언제 어디서나 당당하게 내 몸과 마음을 스스로 지키고, 상대방을 존중하는 사람이 되는 일이기 때문입니다.

이 그림책에서는 학생들이 이해하기 쉽게 직관적으로 동의가 무엇인지 설명하고 있습니다. 학생들이 직접 겪을만한 다양한 상황들을 예시로 들어 이럴 땐 어떻게 해야 하는지 구체적으로 알려줍니다. 책을 통해 세상에서 가장 소중한 나 자신을 위해서 싫을 땐 싫다고 당당하게 말할 수 있는 법을 연습해 봅니다. 거절 연습을 통해서 주변에 휘둘리지 않고 내 삶을 주체적으로 살아갈 수 있고, 당당히 자신의 목소리를 낼 수 있는 용기 있는 사람으로 자라길 바랍니다.

그림책 활동

1. 경험 나누기

책을 읽기 전 활동으로, 거절하는 표현에는 어떤 것들이 있는지 생각해 봅니다. 포스트잇에 하나씩 적어 칠판에 붙이고 함께 읽어 봅니다. 브레인스토밍을 통해 거절하는 표현에는 "싫어", "안 돼", "하지 마", "그건 조금 불편해", "나는 하고 싶지 않아", "그러지 마", "고맙지만 괜찮아" 등 다양한 표현 방법이 있음을 알 수 있습니다. 브레인스토밍을 마친 후, 생활 속에서 거절 표현을 사용해 본 경험을 나누어 봅니다. 언제, 어떤 상황에서, 어떻게 말했었는지 이야기하며 얼마나 용기 있는 행동이었는지 함께 생각해 봅니다. 또한 거절하고 싶었는데 하지 못했던 경험이나 상대방을 존중하지 못한 거절 표현으로 상황이 나빠졌던 경험에 관해서도 얘기해 봅니다.

2. 짝과 함께 역할 놀이 해보기 `학습지`

그림책을 읽은 후, 다 함께 큰소리로 "싫어!"를 외쳐봅니다. 그런 다음 그림책에 나오는 다양한 상황을 직접 짝과 함께 연습해 봅니다. 역할 놀이 대본을 통해 '거절의 표현 + 이유'로 말하는 방법을 연습해 봅니다. 나의 몸과 마음을 지키고 다른 사람의 잘못된 행동을 잘못됐다고 말할 수 있는 것은 용기가 필요합니다. 필요한 순간에 "싫어."하고 말할 수 있는 용기는 하루아침에 생기지 않습니다. 연습이 필요한 일입니다. 짝과 함께 역할 놀이를 해 봄으로써 언제 어디서든 내 의지대로 의사를 표현할 수 있는 내면의 힘을 기르도록 합니다.

3. 나만의 거절 표현 만들고 가랜드로 꾸미기 PPT

나를 지키고 다른 사람을 존중할 수 있는 나만의 거절 표현을 만들어 봅니다. 그림책에 나오는 문장을 그대로 활용할 수도 있고, 내가 원하는 문구를 직접 만들어 봐도 좋습니다. 나만의 거절 표현을 한 문장으로 적고 이를 가랜드로 꾸밉니다. 완성된 가랜드는 교실에 전시하여 학생들이 자주 볼 수 있도록 합니다. 자주 보고 익숙해져야 필요한 상황에서 실제로 적용할 수 있기 때문입니다. 가랜드 만들기는 유튜브 에듀퐁퐁 '봄 가랜드 접기'를 검색하면 따라할 수 있습니다.

학년에 따라 활동의 수준을 다르게 할 수 있어요.

'짝과 함께 역할 놀이 해보기' 활동을 할 때에는 학년에 따라 수준을 다르게 할 수 있어요. 저학년의 경우 미리 만들어진 역할 놀이 대본을 주고 연습해 보는 활동으로 진행하고, 고학년의 경우 학생들이 직접 대본을 만들어 보게 할 수 있어요. '나만의 거절 표현 만들고 가랜드로 꾸미기' 활동도 학습지의 수준을 다르게 제시할 수 있어요. 저학년은 글자가 인쇄된 학습지를 나누어 주고, 고학년의 경우 문구를 스스로 만들어 보게 하면 좋아요.

'말랄라 유사프자이' 이야기를 함께 나눠 보는 것도 좋아요.

'말랄라 유사프자이'는 어린 나이에도 위험한 상황 속에서 어린이와 청소년에 대한 억압에 반대하고 모든 어린이의 교육권을 위하여 투쟁한 공로로 2014년 역대 최연소의 나이로 노벨평화상을 수상했어요. 그녀는 "한 명의 아이, 한 명의 선생님, 한 권의 책, 한 개의 펜이 세상을 바꿀 수 있습니다."라고 주장하며, 실제로 자기 말과 행동으로 '싫다'는 의견을 표현한 사람이에요. 학년에 따라 〈말랄라의 마법 연필〉이나 〈어린이를 위한 나는 말랄라〉 책을 소개하고, 그녀의 용기가 세상을 어떻게 더 나은 곳으로 변화시켰는지 함께 이야기해 보면 좋을 거예요.

사실은 너에게 미안해

추천 대상 : 1, 2학년

빌려준다고 했는데...

가사이 마리 (글)
기타무라 유카 (그림·만화)
김소연 (옮김), 책읽는곰 (2023년)

친구 사이에 물건을 빌리는 일은 초등학교 생활에서 아주 흔한 일입니다. 자기 물건에 애착을 가지는 학생이 있지만 또 물건을 잘 챙기는 습관이 아직 형성되지 않은 학생도 종종 볼 수 있습니다. 이러한 생활 습관의 차이는 학생들 사이에 크고 작은 갈등을 일으킬 수 있는 원인이 되기도 합니다.

그림책에 나오는 렌과 다이치도 '빌려준다'고 말한 친구의 말을 '준다'라고 잘못 이해하고 친구의 물건을 마음대로 쓰다가 돌려달라는 친구의 말을 듣고 벌어지는 갈등 상황에 대한 이야기입니다. 미안한 마음보다 퉁명스럽게 나오는 말에 서로 마음의 상처를 입지만, 갑자기 내리는 비에 책이 젖을까 벤치에 놓인 렌의 책을 우산으로 보호하고 있는 다이치의 모습을 렌이 보게 되면서 다이치의 진심을 확인하게 됩니다. 자신의 마음과 감정을 언어로 완벽하게 표현하지 못하는 저학년 학생들의 모습과 많이 닮아있습니다.

그림책 활동

1. 나라면 어떤 말을 했을까?

렌과 다이치는 둘도 없는 단짝 친구였지만 공룡 도감 한 권으로 사이가 멀어지게 됩니다. 공룡 도감을 둘러싼 오해를 말로 잘 풀지 못했기 때문입니다. 학생들에게 내가 만약에 렌이라면? 내가 만약에 다이치라면? 어떤 말로 오해를 풀어야 할지 생각해 보는 시간을 줍니다. 그림책 속의 인물이 되어 생각해 보는 활동은 '핫 시팅' 기법을 사용하여 인물의 입장이 되어 이야기를 나누는 활동입니다. 교실 앞에 의자를 두 개 갖다 놓고 렌과 다이치가 되어 서로 대화를 해봅니다. 친구들의 의견 중에서 내가 찬성하고 싶거나 동의하고 싶은 말을 칠판에 적어두고 우리 반 전체의 마음에 드는 대사를 골라봅니다.

2. 우리 반 사과나무 만들기 학습지

렌과 다이치처럼 단짝 친구 또는 우리 반 친구 중에서 미안한 마음은 있었지만 제대로 마음을 전하지 못한 친구에게 마음을 담아 쪽지에 적어봅니다. 완성된 쪽지를 친구에게 가져가 읽어주며 마음을 전합니다. 사과를 받은 친구는 친구에게 받은 쪽지를 미리 출력해 둔 사과나무 그림 위에 사과처럼 붙입니다. 플로터로 사과나무 그림을 크게 출력하여 교실 벽면에 붙여두고 교실 환경으로 구성한다면 학생들이 여유를 가지고 조금 더 정성껏 메시지를 읽어보는 기회를 제공할 수 있습니다.

3. 친구들의 마음을 간직해요.

친구들과 마음 나누기를 한 뒤에 서로 이 마음을 잊지 말았으면 하는 의도에서 친구들의 마음을 담은 투명 파일을 만들었습니다. 언제나 사용하는 파일에 친구들의 마음을 담은 아름다운 말을 적어둔다면 볼 때마다 친구들의 따뜻한 마음을 기억하게 될 것입니다.

학생 한 명당 투명 L파일 하나씩을 나누어 줍니다. 학생들은 자신을 나타내는 그림도 그리고 자신의 이름을 쓰며 파일을 꾸밉니다. 파일 꾸미기가 끝난 학생들은 다른 친구들과 파일을 서로 바꾸어서 우정의 메시지를 상대방에게 남깁니다. 마치 학년말 활동인 롤링 페이퍼와 비슷하다고 생각하면 되겠습니다. 친구들과 파일을 많이 교환할 때마다 내 파일에 친구들의 메시지가 늘어나게 되어, 학생들은 기쁜 마음으로 계속 활동을 할 수 있는 내적 동기가 형성됩니다.

핫 시팅은 이야기에 나오는 등장인물의 마음을 들여다보는데 좋은 활동이에요.

학년이 어릴수록, 자신의 마음을 표현하기도 어려워하기 때문에 다른 사람의 마음을 헤아리는 것은 많은 어려움을 겪는 부분이에요. 그럴 때 단지 저 사람의 마음은 지금 어떨까? 저 사람은 지금 기분이 어떨까? 하고 추측하는 것보다, 본인 스스로가 주인공이 되어 다른 친구들이 주인공에게 하는 질문에 답변을 해가며 주인공의 마음을 이해할 수 있어요. 그냥 빈 의자를 마련하기보다는 저학년 학생들은 인물과 상황에 몰입할 수 있는 역할 이름표나 모자 등을 씌워주면 인물에게 몰입하는 데 훨씬 효과적이에요.

사과나무의 열매를 만들 때 종이접기를 활용하면 더욱 아름다운 산출물이 탄생해요.

네모난 포스트잇을 나누어주고, 원하는 모양으로 '잘라' 붙여보자고 하니 대부분의 학생은 그냥 네모 모양으로 붙였어요. 왜 그런지 학생들과 대화를 해보니, 사과 모양이 오리기 어렵다는 이유였어요. 밑그림이 없는 상태로 사과 모양을 오리는 것은 특히 저학년 어린이들에게 큰 어려움의 요소가 될 수 있어요. 미리 교사가 사과 모양의 종이를 제공하거나, 유튜브 등의 영상을 통해 사과 종이접기를 하고, 그 위에 메시지를 적는 것도 산출물의 질을 높이는 방법이에요.

속상하고 화나고, 슬픈 마음, 여기 모두 모여라!

추천 대상 : 전 학년

궁디팡팡

이덕화 (글·그림)
길벗어린이 (2019년)

정성스러운 손뜨개와 보드랍게 물감으로 칠해진 그림책 표지부터 눈길을 끕니다. 그래서인지 책을 읽는 내내 마음이 포근해집니다. 작은 숲속 마을에는 신비한 '궁디팡팡 손'이 있습니다. 억울한 일이 있거나 속상하고 화날 때 그리고 슬플 때 숲속 친구들은 궁디팡팡 손을 찾아갑니다. 궁디팡팡 손에게 힘든 마음을 털어놓고 토닥토닥 위로를 받으면, 신기하게도 상처받은 마음이 스르르 낫습니다. 그러던 어느 날, 궁디팡팡 손이 보이질 않습니다. 위로가 필요한 친구들은 궁디팡팡 손을 하염없이 기다리다가 울기도 하고, 막막해합니다. 그러다가 이내 속상한 마음을 먼저 털어놓는 사자를 오리가 위로해 주면서 친구들 사이에서 궁디팡팡 마법이 일어납니다.

상대방의 말에 귀 기울여 듣고, 공감하며 토닥이는 말이 주는 힘을 그림책 수업을 통해 학생들과 함께 나누고 싶습니다. "괜찮아, 괜찮아! 토닥토닥 궁디팡팡!"

그림책 활동

1. 그림책 속 친구들에게 해주고 싶은 말 학습지⬇

그림책 속에 등장하는 친구들의 사연을 함께 읽으며 친구들이 겪은 속상한 일이 무엇인지 살펴봅니다. 한 장 한 장 읽으면서 나도 비슷한 경험이 있었는지 손을 들어 공감지수를 표시하도록 합니다. 등장인물과 나를 동일시할 때 학생들은 더욱 몰입하여 그림책을 읽을 수 있게 됩니다. 그리고 나서 내가 겪은 속상한 일, 슬픈 일, 화나는 일, 억울한 일 등을 학습지의 사람 도안에 나타냅니다. 겪은 일을 가장 가운데에 적고, 그때의 기분이나 표정까지 그려보도록 격려합니다. 이를 통해 그 때의 감정이 보다 생동감 있게 전달되고, 다음 활동에서 진행할 서클 활동이 더욱 풍요로워질 수 있습니다.

 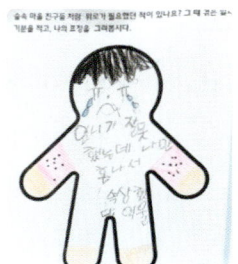 

2. 서클 활동으로 속상한 일을 나누고 경청하며 듣기 학습지⬇

그림책 속에서 궁디팡팡 손이 나타나지 않자, 숲속 친구들은 동그랗게 앉아서 서로의 이야기를 경청하고 공감하며 진심 어린 위로를 건넵니다. 우리 교실에서도 학생들과 직접 서로의 이야기를 듣고 위로하는 서클 시간을 가져봅니다. 학생들은 동그랗게 모여 앉습니다. 교사는 여는 활동으로 동요 <말의 온도>를 읽어줍니다. 노래 형식으로 다 같이 불러도 좋지만, 차분하게 읽어주면 학생들이 보다 집중하는 분위기가 조성됩니다. 앞서 작성한 학습지를 보고 돌아가며 자신이 겪은 일과 그때의 감정을 이야기합니다. 학생들에게 친구의 말을 잘 듣고, 어떤 말을 해줄 수 있을지 생각해 보자고 안내합니다. 친구의 말을 듣고 나서 그다음 사람은 힘이 되는 말을 해주고, 자신의 이야기를 시작하도록 합니다. 이때 힘이 되는 말은 동요에서 나온 말이나 그림책 속에서 자주 등장한 "괜찮아, 괜찮아, 토닥토닥 궁디팡팡!"이라고 이야기 해도 됩니다. 중요한 것은 격려와 인정 속에서 학생들의 이야기가 자연스럽게 이어지는 것입니다. 모여 앉아 소감을 나눈 다음, 학습지는 교실 벽면에 게시하여 모두가 볼 수 있도록 합니다.

3. 우리는 서로의 궁디팡팡 손!

친구들의 이야기를 듣고, 서클 시간에 자신이 했던 말이나 해주고 싶었던 말을 발표합니다. 이때 교사는 학생들의 말을 모두가 볼 수 있도록 판서를 해주는 게 좋습니다. 칠판 가득 메운 위로가 되는 말은 그 자체가 힘이 되기도 하고, 학생들이 쓰기 활동을 할 때 도움이 됩니다. 발표를 마치고 학생들은 궁디팡팡 손 그림을 나눠 갖고, 그 종이에 친구에게 해주고 싶은 말을 적어보도록 합니다. 다 쓴 후에는 벽면에 붙은 친구들의 학습지에 자신의 궁디팡팡 손을 붙여줍니다.

소외되는 학생들이 없도록 지도해요.

학생들이 궁디팡팡 손을 2장 썼다면, 서로 다른 친구 2명에게 붙이도록 해요. 학생들이 각각 2장씩 받을 수 있도록 지도해요. 친구의 학습지에 이미 궁디팡팡 손 2장이 붙여진 경우에는 다른 학생의 학습지에 붙이도록 안내해요. 학생들이 친한 친구에게만 궁디팡팡 손을 붙여준다거나 인기투표로 흘러가지 않도록 공평하게 받을 수 있도록 하는 것이 중요해요.

학교 폭력을 멈추는 용기

추천 대상 : 3~6학년

우리 학교에 여우가 있어

올리비에 뒤팽, 롤라 뒤팽 저자 (글)

로낭 바델 (그림·만화)

명혜권 (옮김), 한솔수북 (2023년)

한 남자아이가 같은 학교 아이로부터 괴롭힘을 당합니다. 이 아이는 자기를 괴롭히는 아이가 여우로 보입니다. 이 여우는 남자아이의 외모에 대해 놀리고, 신체 폭력도 서슴없이 하며, 물건도 망가뜨려 놓습니다. 더 큰 문제는 여우가 혼자가 아니라 여럿이 무리 지어 몰려다니는 것이었습니다. 여우는 늑대가 되고, 늑대는 호랑이로 변하여 더욱 심하게 남자아이를 괴롭혔습니다. 혼자서 괴롭힘을 감당하던 어느 날, 남자아이는 용기를 내어 그동안의 모든 일을 엄마에게 털어놓습니다. 엄마와 선생님의 개입으로 괴롭히는 아이들이 사라졌습니다.

이 그림책은 학교 폭력이 발생했을 때 혼자 힘들어하기보다는 부모님이나 선생님과 같이 믿을 수 있는 주변 어른들에게 도움을 요청하는 것이 필요함을 알려주는 책입니다. 책 속의 인물을 통해 가해자, 피해자, 방관자에 대해 살펴보고, 나는 앞으로 어떻게 행동하면 좋을지 생각해 보는 시간을 갖는 수업이었으면 좋겠습니다.

그림책 활동

1. 동물로 표현하기 학습지

이 활동은 그림책을 읽기 전에 그림책의 이해를 돕기 위해 하는 활동입니다. 책에서는 학교 폭력 가해자가 '여우', '늑대', '호랑이'로 표현되어 있습니다. 진짜 동물이 가해자가 아니라 가해자의 무서움을 나타내기 위해 가해자를 동물에 빗대어 표현한 것입니다. 이를 잘 이해하기 위해 나를 동물로 표현해 보는 시간을 갖습니다. 나의 특징을 생각해 보며 어울리는 동물을 찾아봅니다. 그리고 책 표지를 보며 '우리 학교에 OO가 있어'에 어떤 동물이 들어갈지 이유와 함께 맞춰봄으로써 책에 대한 호기심을 불러일으킵니다.

동물로 표현하기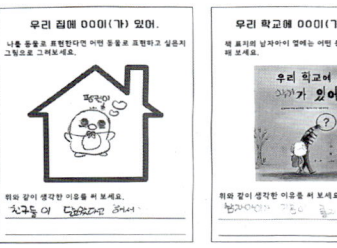

동물로 표현하기

2. 학교폭력 자세히 알아보기

그림책을 읽으며, 학교폭력의 가해자, 피해자, 방관자의 모습을 살펴봅니다. 가해자가 언어폭력, 신체 폭력, 금품갈취 등 여러 가지 방법으로 남자아이를 괴롭히는 모습을 살펴보며, 학교 폭력의 유형에 대해 살펴봅니다. 또한 가해자의 행동에 대해 침묵하면, 가해자는 여우에서 늑대로, 늑대에서 호랑이로 변하여 더욱 심하게 괴롭힐 수 있음을 알아봅니다. 친구가 괴롭힘을 당하는 것을 보고도 침묵하는 것 역시 또 다른 가해의 행동이 될 수 있음을 생각해 봅니다.

가해자에게는 잘못을 인정하고 다시는 폭력을 행사하지 않겠다고 다짐하는 용기가, 피해자에게는 피해 사실을 주변 어른들에게 말하는 용기가, 방관자에게는 피해를 당한 친구를 위로하고 주변 어른들에게 알리는 용기가 필요합니다.

3. 학교폭력을 멈추는 용기 채우기 학습지

학교폭력을 멈추는 용기를 마음에 되새겨보는 활동입니다. 학교폭력 상황에서 어떤 용기를 내야 하는지 가해자, 피해자, 방관자로 나누어 학습지 아래쪽에 자세히 적어봅니다. 그리고 '용기'라는 글자를 팝아트 기법으로 꾸며봅니다. 팝아티스트인 로메로 브리토의 미술 기법으로 글씨 꾸미기를 하며 '용기'를 새겨보는 시간입니다. 손으로 써 내려간 용기가 삶 속에서 발휘되기를 바랍니다.

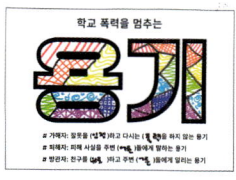 

학생이 자신을 표현한 동물과 그림책에 나오는 동물과는 다름을 알려주세요.

'동물로 표현하기' 활동에서 나를 동물로 표현할 때 여우나 늑대, 호랑이로 표현했더라도, 그림책의 학교폭력 가해자와는 무관함을 이야기해 주세요. 학생이 여우나 늑대, 호랑이로 표현한 이유와 그림책에서 그 동물로 표현한 이유는 다름을 비교해 주어 학생들이 당황하지 않도록 해주세요.

글씨는 선명하게 꾸밀 수 있도록 안내해요.

'학교폭력을 멈추는 용기 채우기' 활동에서는 글씨를 꾸밀 때 밝은 색상으로 선명하게 꾸며 '용기' 글씨가 부각되게 표현되도록 안내해 주세요. 흐리게 색칠하거나 빈 곳이 많을 경우 팝아트의 효과가 잘 나타나지 않을 수 있어요. 팝아트 기법 대신에 그림문자로 글자를 꾸며보는 방법도 있어요.

감기 걸린 물고기를 본 적이 있니?
물고기는 감기에 걸리면 색깔이 변한대!

추천 대상 : 4~6학년

감기 걸린 물고기

박정섭 (글·그림)
사계절 (2016년)

배고픈 아귀는 물고기를 잡아먹고자 합니다. 하지만 떼를 지어 다니는 물고기를 유인할 방법이 마땅치 않습니다. '어떻게 하면 물고기들을 잡아먹을 수 있을까?' 고민하던 중 한 가지 꾀를 냅니다. 그러고는 뒤에 숨어 조용히 소문을 냅니다. "빨간 물고기가 감기에 걸렸대!" 한 몸처럼 붙어 다니던 물고기 떼는 빨간 물고기를 멀리하기 시작하고 급기야 감기가 옮기 전에 무리에서 쫓아내자는 의견이 나옵니다. 그렇게 빨간 물고기는 무리에서 쫓겨나고 노란 물고기, 파란 물고기까지…. 결국은 떼를 지어 살아가던 물고기들 모두에게 위기가 찾아옵니다.
이 책은 소문의 위험성을 다루고 있습니다. 학생들은 그림책 밖에서 두 등장인물을 접하며 내가 거짓 소문을 낸 적은 없었는지, 죄책감 없이 소문을 재생산한 적은 없었는지에 되돌아보게 됩니다. 또한 가벼워 보이는 소문이 퍼져나갔을 때 그 결과는 가볍지 않다는 것을 깨달으며 거짓 소문에 대처하는 올바른 자세와 태도를 생각해 볼 수 있습니다.

그림책 활동

1. 감기 걸린 물고기는 어떨까? `학습지 ⬇`

책을 읽기 전 책 표지와 제목을 보며 학생들의 마음을 여는 활동입니다. 사람이 감기에 걸리면 열이 나고 기침을 합니다. 콧물이 나거나 오한에 들기도 합니다. 그렇다면 물고기가 감기에 걸리면 어떻게 될지, 그림책 표지 속 많은 색깔의 물고기 중에서 감기에 걸린 물고기는 누구일지 생각합니다. 실제로 물고기는 감기에 걸리면 몸과 지느러미가 흰색 점으로 다닥다닥 뒤덮이는 '백점병' 증상을 보인다고 합니다. 하지만 정확한 사실은 잠시 뒤로 하고 학생들이 각자 생각하여 학습지를 작성할 수 있도록 시간을 줍니다. 이후 같은 생각을 한 학생들끼리 모여 서로의 생각을 공유하며 의견을 더욱 공고히 합니다. 마지막으로는 각각의 팀이 힘을 합쳐 모은 여러 가지 그럴싸한 근거를 바탕으로 다른 모둠을 설득합니다. '빨간 물고기는 감기에 걸려 열이 난 거예요.', '파란 물고기는 감기에 걸려 추운 거예요.' 이때 생각이 바뀐 학생들은 언제든지 모둠을 옮길 수 있습니다. 색깔과 물고기의 감기는 전혀 상관이 없지만, 학생들은 자신의 의견이 진짜인 양 서로를 설득합니다. 또 이를 진짜로 믿는 학생들도 생겨납니다. 어느 정도의 설득이 오고 가면 답은 가르쳐주지 않은 채 그림책을 읽어보기로 합니다. 학생들은 그림책에 더욱 몰입하게 되고 책을 읽은 후에는 자신이 소문을 너무나도 쉽게 믿었다는 사실을 깨닫고 신선한 충격을 받게 될 수 있습니다.

책 표지 속 감기 걸린 물고기는 어떤 색깔일까요?	그렇게 생각한 이유는 무엇인가요?
빨간 색이다.	열이 심하게 나서 빨개졌을 것 같다.

책 표지 속 감기 걸린 물고기는 어떤 색깔일까요?	그렇게 생각한 이유는 무엇인가요?
노란 색이다.	너무 아파서 온 몸이 노랗게 되었을 것 같다.

2. 누가 더 나쁠까? 토의하기

자신의 이익을 위해 거짓 소문을 내는 아귀와 소문의 진위를 확인하지 않고 친구를 의심하며 내쫓은 물고기들. 이 중에 잘못을 피해 갈 수 있는 등장인물은 없습니다. 책을 읽은 뒤 두 인물 중 누가 더 잘못한 것인지 학생들과 이야기를 나눠봅니다. 이 활동을 진행할 때 중점을 두어야 할 부분은 어느 한 등장인물의 잘못이 크다는 결론에 도달하는 것이 아니라 '두 등장인물이 잘못된 점이 무엇인가?', '나는 어떻게 행동해야 하는가?'를 구체적으로 짚어보는 것입니다. 충분히 토의 후 이를 우리 주변에 적용합니다. 혹시 내가 '거짓 소문을 내는 사람은 아니었는가?', '죄책감 없이 소문을 재생산하는 사람은 아니었는가?'에 대해 되돌아보고 깨달음을 얻을 수 있습니다.

3. 말/소문과 관련된 속담 알아보기 [학습지⬇]

말/소문과 관련된 속담을 활용하여 서로 문제를 내고 맞히는 놀이입니다. 첨부된 학습지에는 각 칸에 속담과 속담의 뜻이 적혀있습니다. 교사는 학습지를 출력한 뒤 선을 따라 잘라서 준비합니다. 학생들은 두 명이 한 조가 되어 무작위로 속담을 뽑습니다. 학생들은 과제 쪽지에 담긴 속담을 A4 도화지에 그림으로 표현합니다. 모든 조가 표현하기를 마치면 서로 그림을 보고 어떤 속담일지 맞혀봅니다. 이 활동을 통해 학생들은 옛날부터 말/소문의 위험성이 강조되어 왔음을 알 수 있습니다. 또한 앞으로 자신이 소문을 대하는 태도를 어떻게 갖추어야 할지 생각해 보고 다짐해 볼 수 있습니다.

낮 말은 새가 듣고
밤 말은 쥐가 듣는다.

귀 소문 말고 눈 소문 하라

[학습지 일부]

그림책 수업 팁!

활동 1에서 학생들의 자유로운 상상을 자극해 주세요.

활동 1의 목적은 학생들이 진실과 먼 주제를 깊이 고민하고 이야기 나누며 진실로 느끼는 경험을 하는 데에 있어요. 이 과정에서 학생들은 소문을 생산하거나 전달하는 사람이 되기도 해요. 즉, 그림책 속 아귀와 물고기 떼의 입장이 되어봄으로써 우리가 '소문'에 얼마나 크게 노출되어 있는지 깨달을 수 있어요. 학생들이 스스로 더 깊이 생각하고 활발한 의견을 나눌 수 있도록 자유로운 상상을 자극해 주세요. 학생들의 의견에 교사가 그럴듯하다며 힘을 심어준다면 학생들은 추진력을 얻어 더욱 활발히 상상할 거예요.

활동 3을 할 때는 제공된 학습지를 다운받아서 활용하세요.

속담과 각 속담의 의미를 담은 목록이 학습지로 제공되어 있어요. 절취선을 잘라 뒤집어 두고 2~3명의 학생이 한 속담을 가져가도록 해주세요. 학생들은 속담의 의미가 적혀있음에도 어려워합니다. 그때 교사가 무조건 설명해 주기보다는 짝 친구와 협력하여 의미를 유추하도록 해주세요. 또한 이를 그림으로 표현할 수 있도록 한다면 보다 교육적인 활동이 될 거예요.

소중한 내 친구, 소중한 나

추천 대상 : 전 학년

친구의 전설

이지은 (글·그림)
웅진주니어 (2023년)

'친구의 전설'은 괜한 위협으로 친구들을 기분 나쁘게 만들어 환영받지 못하는 호랑이와 그의 꼬리에 붙어 함께 지내게 된 꼬리 꽃의 이야기입니다. 친절하고 재치 있는 꼬리 꽃은 호랑이와 함께하는 일상을 지내면서 자연스럽게 호랑이에게 친구를 사귀는 법을 알려줍니다. 호랑이는 꼬리 꽃과 함께한 시간을 통해 친구들을 돕고 마음을 나누는 법을 알게 되고, 친구 사귀는 법을 배우게 됩니다.

'친구의 전설'은 친구 관계에 어려움이 있는 학생들, 친구를 사귀는 일에 자신감이 없는 학생에게 자신을 돌아보는 기회를 주고, 마음을 나누는 일에 용기를 줍니다. 또한 나에게 친구들에게 환영받지 못하게 하는 호랑이 같은 점은 무엇이 있을까 고민해 보며, 건강한 교우관계를 만들어 가도록 도움을 줍니다.

그림책 활동

1. 호랑이일까, 꼬리 꽃일까?   PPT   학습지

읽기 전 활동으로 자신이 좋아하는 친구들의 이름을 2명 쓰도록 합니다. 그리고 그 친구를 좋아하는 이유도 적도록 합니다. 그림책을 읽어 준 후, 동물 친구들이 호랑이를 싫어한 이유와 꼬리 꽃을 좋아한 이유를 각각 적어보도록 합니다. 또 나에게도 호랑이처럼 친구들이 싫어할 만한 부분과 꼬리 꽃처럼 좋아할 부분이 모두 존재하므로 어떤 부분일지 생각해서 학습지에 적어보도록 합니다. 다정한 꼬리 꽃의 좋은 점을 찾아봅시다. '먼저 인사를 잘한다', '친구들을 잘 도와준다', '솔직하게 자신의 마음을 이야기한다', '친구를 배려한다' 등 많이 찾을수록 좋습니다. 또, 꼬리 꽃처럼 친구들과 사이좋게 지내려면 어떻게 해야 할지 적어봅니다.

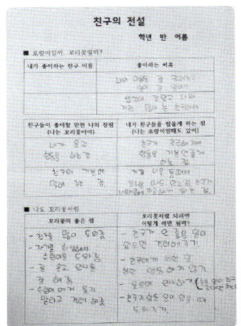

2. '호랑이와 꼬리 꽃' 4컷 만화 그리기   PPT   학습지

인상 깊은 장면을 뽑기 통 안에 넣어 학생들이 뽑을 수 있도록 합니다. 4컷 만화에 호랑이나 꼬리 꽃에게 하고 싶은 말이나 그림을 적어보도록 합니다. 4컷 만화의 장면은 꼭 뽑기 통에서 뽑지 않고 자신이 원하는 장면으로 해도 괜찮습니다. 꼬리 꽃이 호랑이에게 서로 불어보기 놀이를 하자고 하는 장면을 골랐다면, '꼬리 꽃아, 나는 힘껏 불면 네가 하늘로 날아가 사라지는 줄 몰랐어. 너를 날아가게 하고 너에 대해 잘 몰라서 미안해.'라고 하면 꼬리 꽃이 '나는 마지막에 너와 헤어져야 할 때 슬프게 헤어지기 싫어서 그랬어. 괜찮아', '네 덕분에 살아날 수 있었어. 정말 고마워' 등으로 구성할 수 있습니다.

3. '친구들과 함께 칭찬 파티' 활동하기

동물 친구들이 숲속 잔치를 열었던 것처럼, 자신이 좋아하는 간식을 하나씩 준비해옵니다. 모둠 친구들과 함께 간식 파티를 열고, 모둠 친구들을 칭찬하는 시간을 갖습니다. 간식은 친구들과 나누어 먹을 수 있도록 낱개로 된 간식도 괜찮고, 큰 덩어리로 되어있다면 집에서 미리 잘라오도록 안내합니다. 첫 번째로 모든 모둠 친구들에게 준비한 간식을 1개씩 나누어 줍니다. 간식을 나누어주며 상대방 친구에게 '칭찬의 말'을 건넵니다. 두 번째로 내가 듣고 싶거나 받고 싶은 칭찬을 무작위로 적어서 이 칭찬은 누가 받으면 좋을까? 물어본 후, 이름을 뽑아서 랜덤으로 칭찬을 해주고 간식을 전달해 줍니다.

활동 1. 호랑이일까, 꼬리 꽃일까!

호랑이일까 꼬리 꽃일까 활동은 자신을 돌아보는 활동이에요. 누구나 다른 사람을 힘들게 하는 부분도 있고 행복하고 즐겁게 해주는 부분도 있어요. 자기 자신에 대해 돌아보는 시간이 없었던 친구들에게는 어렵게 느껴지는 활동이기도 하지요. 자기 자신에 대한 장단점을 잘 찾지 못하는 친구들에게는 억지로 찾게 하기보다는 다른 친구들의 발표를 듣는 것도 공부가 될 수 있어요.

칭찬 파티가 단순한 놀이 시간이 되지 않도록 지도해 주세요.

친구들과 함께하는 간식 파티는 언제나 즐거워요. 친밀한 친구 관계를 위해서는 함께 먹고 이야기하는 시간이 매우 중요해요. 하지만 이번에 함께하는 칭찬 파티에서는 단순히 즐겁게 먹고 마시는 시간을 넘어, 친구들의 좋은 점을 칭찬해주고 고마웠던 친구와의 추억을 다시 떠올리면서 친구 관계가 돈독해지는 시간이 되도록 지도해 주세요.

한 걸음 다가가면 비로소 보이는 친구의 얼굴

추천 대상 : 1~4학년

내가 보여?

박지희 (글·그림)

웅진주니어 (2019년)

영우는 교실 속 누구와도 말하지 않는 투명 인간입니다. 같은 반 친구들도 외로운 영우를 보지 못합니다. 그러던 어느 날, 영우가 용기를 내어 친구의 지우개를 주워준 바로 그 순간, 영우의 손이 친구들 눈에도 보이기 시작합니다. 친구들은 영우에게 상냥하게 손을 내밀고 다정하게 감싸 안으며, 영우가 투명 인간에서 벗어날 수 있도록 도와줍니다.

그림책 '내가 보여?' 표지에는 구멍이 뚫려있습니다. 여러 친구 속에서 혼자만 투명 인간인 영우의 자리를 비워놓은 것입니다. 표지 속의 여러 친구는 투명 인간인 영우를 일부러 따돌리는 것은 아닐 것입니다. 친구의 외로움과 쓸쓸함이 눈에 보이지 않을 뿐입니다. 학생들과 그림책 '내가 보여?'를 함께 읽으며, 주변의 친구에게 관심을 갖고 먼저 다가가 마음을 살펴보기를 권하고 싶습니다.

그림책 활동

1. 영우의 얼굴 학습지⬇

그림책 '내가 보여?' 표지에는 하얀 구멍이 뻥 뚫려있습니다. 그림책 표지 그림은 공개하지 않은 채, 그림책 표지를 펼쳐서 표지 안쪽에서 구멍을 볼 수 있도록 합니다. 이 구멍의 모양만을 보고 무엇을 나타내는 것인지 학생들과 함께 추측해 봅니다. 표지의 안쪽에서 구멍을 충분히 바라본 후, 그림책을 다시 닫아 표지 그림을 학생들에게 공개합니다. 수많은 친구 사이에서 텅 빈 자리의 주인공이 어떤 모습일지 생각해 봅니다.

그림책을 읽고 난 후, 그림책 표지의 구멍을 본떠 그린 밑그림 두 개를 학생들에게 나누어줍니다. 주인공 영우는 각 상황에서 어떤 표정을 짓고 있을지, 어떤 감정을 느끼고 있을지 생각해 봅니다. 교실 안의 누구와도 대화를 나누지 못하는 투명 인간 영우의 마음을 담아 첫 번째 밑그림을 완성합니다. 그러고 나서 친구에게 용기를 내어 지우개를 건네고, 손을 꼭 잡고 함께 걷는 따뜻한 마음을 느낀 영우의 감정을 생각하며 두 번째 밑그림을 완성합니다. 학습지 결과물을 그림책 표지 안에 끼워 넣으면, 그림책 표지 구멍을 통해 학생들의 그림을 볼 수 있습니다. 첫 번째 그림과 두 번째 그림을 번갈아 보여주며, 친구들 속에 있는 영우의 표정 변화를 관찰합니다. 학생들의 그림으로 그림책 표지를 채웁니다.

2. 영우의 말

투명 인간 영우는 용기를 내어 친구들과 소통하기 시작합니다. 그제야 친구들이 영우의 모습을 조금씩 볼 수 있게 됩니다. 그림책 속의 여러 가지 상황에서 영우와 친구들은 어떤 대화를 나눌 수 있을지 생각해 봅니다.

친구가 실수로 지우개를 떨어뜨렸을 때	친구의 공이 내 쪽으로 굴러왔을 때	복도에서 친구가 넘어졌을 때	친구가 쑥스러워서 먼저 말을 시작하지 못할 때

전체 학생들에게 말풍선 모양의 포스트잇을 나누어주고, 해당하는 상황에서 인물들이 할 수 있는 말을 생각해 보도록 합니다. 말풍선 모양의 포스트잇에 그림책 속 인물들이 할 수 있는 말을 적은 후, 교실 칠판에 자유롭게 붙입니다. 학생들은 뒤섞여 있는 포스트잇 중 어울리는 대화 짝을 찾아 연결하여 다시 붙입니다. 서로를 다독일 수 있는 말에 대해 생각해 봅니다.

3. 손전등 책 만들기 [학습지]

주인공 영우는 친구들의 관심을 받고 서로 관계를 맺기 전까지는, 교실 속 투명 인간으로 살아왔습니다. 풍경을 환하게 밝히는 따뜻한 마음을 담아 손전등 책을 만들어 봅니다. 그림책 '내가 보여?'에서 가장 인상 깊은 장면을 선택하여 종이에 그림을 그립니다. 그 위에 OHP 필름을 대고 네임펜으로 밑그림을 따라 그린 후, 유성 매직으로 색칠합니다. OHP 필름을 검정 도화지 위에 올려 테이프로 윗부분만 고정하고, 그 사이에 손전등 모양의 종이를 넣어 그림을 감상합니다. 손전등 모양은 그림 도안으로 제공합니다. 검정 네임펜으로 OHP 필름에 친구에게 전하는 따뜻한 말 한마디나 그림책 속 인상 깊은 문장을 적어놓는다면, 손전등 모양 종이를 통해서 밝게 볼 수 있습니다. 모둠 친구들과 서로 문장 적어주기 활동을 해도 좋습니다.

   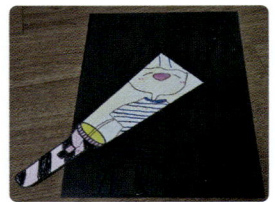

❶ 그림책에서 인상 깊은 장면을 골라 종이에 그림 그리기
❷ OHP 필름을 그림 위에 겹쳐서 네임펜으로 선 따라 그리고 유성 매직으로 색칠하기
❸ OHP 필름을 검정 도화지 위에 올려 테이프로 윗부분을 고정하기
❹ 도안을 활용하여 손전등 모양의 종이를 만들고, OHP 필름과 검정 도화지 사이에 넣어 감상하기

 그림책 수업 팁!

사람 모양의 스티커나 도안을 활용해도 좋아요.

사람 모양의 스티커나 도안 등 사람을 본떠 만든 종이 도안 교구가 많이 있어요. 친구의 얼굴과 표정을 넣어보는 활동에 이러한 도안 교구들을 활용할 수 있어요. 은박지를 이용해서 입체 사람을 만들 수도 있어요. 다양한 미술 활동을 통해 수업을 더 다채롭게 구성해 봐요.

나는 누군가에게 숫자가 된 적이 있나요?

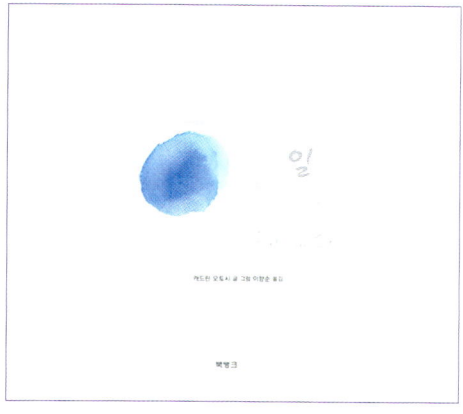

추천 대상 : 4~6학년

일(One)

캐드린 오토시 (글·그림)
이향순 (옮김), 북뱅크 (2016년)

"빨간색은 멋지지만, 파란색은 멋지지 않아!" 빨강은 파랑의 기를 죽이지만 다른 색들은 파랑을 위로할 뿐 파랑을 괴롭히지 말라고 하지 않습니다. 바로 그때 일(1)이 나타나 빨강에게 맞섭니다. 그런 일(1)을 따라 다른 색들도 2, 3, 4… 숫자로 변해 파랑을 돕습니다. 마지막에는 파랑과 빨강도 6, 7로 변한 뒤 모두 함께 어울려 놀며 이야기는 끝이 납니다.

처음에 아이들에게 이 책을 소개할 때는 일(1)이 낸 용기의 중요성과 학교폭력 상황에서 함께 힘을 보태자고 하려고 했습니다. 그런데 그림책을 읽으며 설명하다 보니 우리가 일(1)은커녕 그 어떤 숫자도 되기 어렵단 생각이 들었습니다. 죄책감이 1/N 되기 때문입니다. 그래서 물었습니다. "나는 누군가에게 숫자가 된 적이 있나요?" 몇 번이든 숫자가 되기 위해서는 누군가의 괴로움에 공감하는 것부터 시작해야 한다는 것과 방어자의 중요성을 이야기하기 좋은 그림책입니다.

그림책 활동

1. 책 내용 들여다보기(모둠 활동) 학습지

그림책 내용과 관련된 질문을 몇 가지 주고 모둠별로 각 질문에 대한 생각을 나누게 합니다. 형식적으로 정리된 말보다는 각자의 의견을 편하게 나눌 수 있는 모둠 활동으로 진행하는 것이 좋고, 충분히 대화 나눌 수 있도록 질문의 답을 적지 않도록 합니다. 그리고 괴롭힘과 관련된 경험은 솔직하게 쓸 수 있도록 다른 학생들과 공유하지 않고 교사에게 따로 적어서 제출합니다. 교사의 도움이 필요한 경우에만 이름을 적으라고 합니다.

2. 역할극 하기 학습지

그림책 내용을 담은 대본을 주고 모둠별로 역할을 나누어 연습합니다. 한 모둠은 4~5명으로 구성하고 모둠 상황에 따라 역할을 가감하도록 합니다. 지문은 반드시 행동으로 보여주지 않아도 되지만 학생들이 맡은 역할에 맞추어 실감 나게 읽도록 지도합니다. 역할극을 마치고 그 인물에 대해 생각이나 느낌이 바뀐 게 있는지, 다른 모둠과의 차이점은 무엇인지 질문합니다. 학생들이 가진 학교폭력에 대한 해석과 실제 자신의 모습을 돌아보는 계기가 됩니다.

3. 내가 되고 싶은 숫자 학습지

내가 되고 싶은 숫자를 선택하기 전에 책에 나온 숫자들이 의미하는 것을 설명합니다. 원에는 학교폭력에 무력했던 학생들이 방어자가 되어가는 과정이 그림과 글로 잘 표현되어 있습니다. 맨 처음 용기 내서 파랑을 도와준 1번, 그 용기에 힘을 보태서 분위기를 반전시킨 2, 3, 4번의 훌륭함에 관해서 이야기합니다. 또 자신을 괴롭힌 친구에게 할 말은 하면서도 존중을 잃지 않은 6번과 괴롭힘을 멈추고 좋은 친구가 된 7번의 용기에 관해 이야기하며 평화로운 학급은 함께 만들어간다는 점을 강조하면 좋습니다.

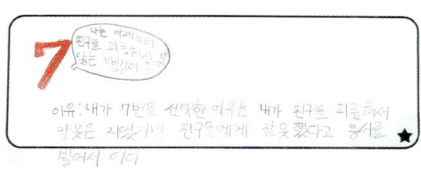
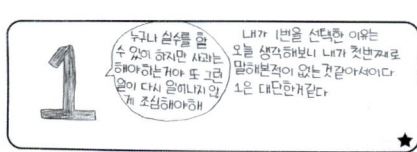

그림책 수업 팁!

대본에 빈칸을 넣을 수 있어요. 학습지

모둠 활동 시간에 여유가 있다면 빈칸이 있는 대본을 나누어주고 채우게 할 수 있어요. 중요한 대사를 채우며 그 말의 의미를 생각해 보고 좀 더 새겨보는 시간이 될 것으로 기대해요. 빈칸 넣기는 그림책과 똑같지 않고 나름의 대사를 넣어도 괜찮아요.

내가 되고 싶은 숫자 틀을 꾸미게 할 수도 있어요. 학습지

저학년은 숫자의 모양을 잡기 어려우니 1~7까지 숫자가 적힌 학습지 중에서 하나를 골라서 꾸며보는 활동으로 대체할 수 있어요. 교사가 그림책을 읽어줄 때 학급의 상황과 연계하여 숫자별 중요성을 강조하면 다양한 선택이 나올 거예요.

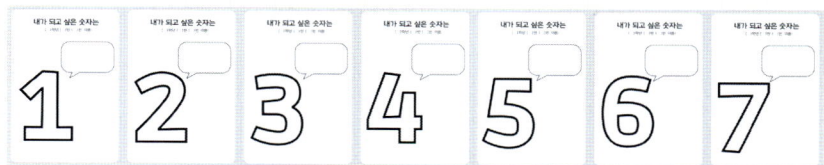

CHAPTER 6
진로 교육

현대 사회는 빠르게 변화하고 있습니다. 우리가 살아온 세상과 학생들이 살아갈 세상은 많이 다를 것입니다. 미래의 꿈에 대한 안내서가 될 10권의 진로 교육 그림책을 소개합니다. 진로 교육은 단지 직업을 찾아 주는 교육이 아닙니다. '나'에 대해 이해하고 긍정적인 자아개념을 갖는 것, 내가 좋아하고 잘하는 일에 대해 아는 것, 직업의 가치에 대해 아는 것, 나의 꿈을 찾고 그것을 위해 노력해 가는 것, 사회의 변화에 맞춰 끊임없이 공부하고 노력하여 언제든지 새로운 직업을 가질 수 있는 잠재력을 키우는 것, 이 모두가 진로 교육입니다. 미래 사회를 살아갈 학생들에게 꼭 필요한 유익한 자료가 되길 바랍니다.

내가 좋아하는 것들로 가득한 나만의 방

추천 대상 : 1~4학년

나만의 박물관

에마 루이스 (글·그림)
조혜진 (옮김), 책속물고기 (2018년)

이 그림책은 내 주변에 있는 것을 찾아보며 내가 흥미를 느끼고 있는 것이 무엇인지 생각해 보게 합니다. 내가 좋아하고 관심 있는 것들로 가득 채워진 '나만의 박물관', 즉 내 방을 둘러보며 '내가 어떤 사람인지'를 고민해 보도록 도와줍니다. 이 책의 주인공은 "네 방은 마치 박물관 같아"라는 말을 듣고 박물관이 어떤 곳인지 알아보기 위해 밖으로 나갑니다. 지도를 펼치고 내가 사는 도시의 여러 박물관을 둘러보며 관찰하고 탐구합니다. 주인공은 박물관을 다녀온 후 주변을 바라보는 시각이 달라집니다. '나만의 박물관'이라고 생각하게 되니 내 주변에 있는 모든 것들이 다 의미 있게 느껴집니다.

학생들이 자기가 좋아하고 흥미를 느끼는 것으로 꾸며진 '나만의 박물관'을 만들어 보며 '나'에 대한 관심과 애정을 느꼈으면 합니다. 내가 진짜 좋아하는 것은 무엇인지, 나는 무엇에 흥미가 있는지, 나는 왜 이런 것들이 좋은지 끊임없이 질문하고 답하면서, 나를 알고, 나를 표현하는 시간이 되길 바랍니다.

그림책 활동

1. 나는 어떤 박물관일까요? PPT

이 그림책에는 여러 박물관이 소개되어 있습니다. 책을 읽기 전, 책에 대한 배경지식을 쌓기 위해 다양한 박물관에 관해 이야기를 나누어 봅니다. 박물관에 방문해 본 경험을 나누며, 어떤 박물관에 갔고 그곳에서 무엇을 보았는지, 어떤 점이 흥미로웠는지 얘기합니다. 그런 다음 박물관 골든벨을 합니다. 박물관에 대한 설명을 듣고 어떤 박물관인지 맞히는 게임입니다.

2. 나만의 방 꾸미기 학습지

학습지를 자르는 선에 따라 자르고, 접는 선에 따라 접고, 풀칠 표시에 풀을 붙여 입체 모양으로 만듭니다. 내가 좋아하는 것들로만 가득한 '나만의 방'을 상상하면서 내가 관심 있고 흥미 있는 것, 좋아하는 것을 최대한 많이 생각해 봅니다. 그런 다음 내가 원하는 색깔로 방을 색칠하고 꾸며봅니다. 다양한 소품들을 직접 그리거나 잡지, 광고지, 신문지 등에서 원하는 것을 오려 '나만의 박물관' 그림책처럼 콜라주 기법으로 붙여도 좋습니다. 학생들은 '나만의 방'을 꾸미며 내가 진짜 좋아하는 것이 무엇인지 생각해 볼 수 있습니다.

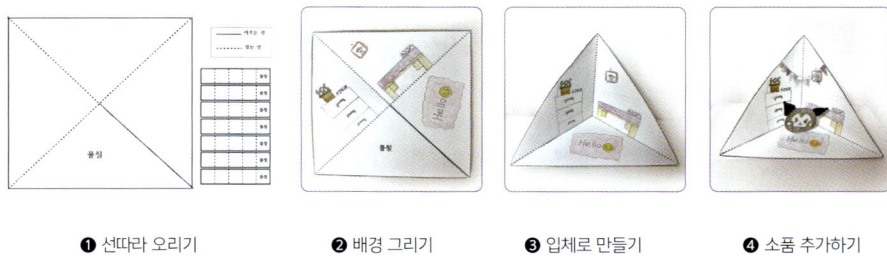

❶ 선따라 오리기   ❷ 배경 그리기   ❸ 입체로 만들기   ❹ 소품 추가하기

3. 인터뷰하기 학습지

'나만의 방'을 완성한 후, 짝과 함께 서로의 방에 대해 인터뷰합니다. 짝의 방을 보고 궁금한 것을 생각해 본 후 학습지에 질문을 만듭니다. 학년에 따라 질문이 있는 학습지를 나눠주거나 직접 질문을 만들어 보게 할 수 있습니다. 주로 사용한 색은 무엇인지, 내 방에서 가장 마음에 드는 것은 무엇인지, 각 소품을 좋아하는 이유는 무엇인지 물어보고 대답합니다. 이러한 과정을 통해 '나'에 대해 깊이 생각해 보는 시간을 가져봅니다.

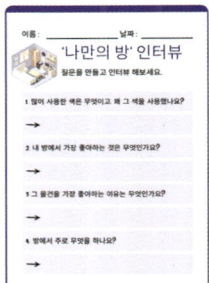

박물관에 대한 힌트를 주세요.

그림책에 나와 있는 다양한 박물관의 이름이 학생들에게 생소할 수 있어요. 박물관 골든벨을 진행할 때 학생들이 어려워하면 다양한 힌트를 제공해 주세요. 초성 힌트를 제공해도 좋아요.

인터뷰 마이크를 사용하면 좋아요.

이 수업에서 인터뷰는 심층적으로 질문을 하고 '나'에 대해 깊이 생각해 보아야 하는 활동이기에 짝 활동으로 진행했어요. 그러나 짝 활동이기에 자칫 가볍게, 대충 넘어가는 일이 없도록 실제 인터뷰와 같은 진지한 분위기를 연출해 줄 필요가 있어요. 준비가 가능하다면 2명당 1개씩의 마이크를 준비해서 모든 학생이 마이크를 가지고 인터뷰를 진행하는 게 좋아요. 마이크 하나만으로도 학생들의 마음가짐이 달라질 수 있으니까요.

A4 크기 도화지를 사용해요.

나만의 방 만들기 학습지는 A4 용지보다는 도화지에 인쇄하여 사용하는 것을 추천해요. 두께가 있어야 방을 완성해서 세워뒀을 때 훨씬 안정감이 있어요. 방에 입체적으로 놓을 소품들은 다른 도화지에 그리고 오려서 학습지에 있는 받침대에 붙여서 활용하면 되어요.

내가 행복할 수 있는 진로 찾기

추천 대상 : 5, 6학년

허먼과 로지

거스 고든 (글·그림), 김서정 (옮김)
그림책공작소 (2016년)

각자의 인생을 살아가던 이웃 주민 허먼과 로지에게 어느 날 힘든 일이 벌어집니다. 허먼은 일자리에서 쫓겨나게 되었고 로지는 취미로 노래하던 재즈 카페가 문을 닫게 된 것입니다. 의욕 없이 지내던 그들에게 문득 떠오른 것은 보이젠베리 요구르트와 토피 사탕, 그들이 평소에 좋아하던 것들입니다. 사소한 것에서 힘을 얻은 둘은 자신이 더 좋아하는 것을 찾아 실천하기 시작합니다. 허먼은 오보에 연주를, 로지는 노래를 부르기 시작했고 서로의 음악 소리에 이끌려 만나게 된 둘은 행복한 연주를 하며 마침내 진정으로 행복해집니다.

이 책을 통해 학생들은 좋아하는 것과 진로의 관계에 대해 생각해 볼 수 있습니다. 슬픈 상황에도 좋아하는 것에 힘을 얻는 등장인물을 보며 미래 삶의 행복과 진로를 연결 지을 수 있습니다. 자신이 좋아하는 일, 적성에 맞는 일이 무엇인지 검사를 통해 알아보고 이를 모두 충족할 수 있는 진로를 떠올려 봅니다. 다양한 가능성 아래에서 다양한 직업을 떠올리거나 새로운 직업을 만들어 보며 진로에 대한 시각을 넓히고 보다 희망찬 미래를 꿈꾸게 만들어 주는 책입니다.

그림책 활동

1. 책 내용 정리하기 `학습지`

책에는 허먼과 로지가 좋아하는 것, 그들이 하는 일, 둘을 힘들게 하는 상황이 나열되어 나옵니다. 그림책을 읽다 보면 이 모든 내용을 잊어버리기 쉬우므로 본격적인 진로 활동에 앞서 그림책의 내용을 정리하는 활동을 합니다. 이 활동은 교실 상황에 따라 두 가지 방법으로 진행할 수 있습니다. 첫 번째는 그림책을 읽으면서 책의 내용을 정리하는 방법으로 시간을 절약할 수 있다는 장점이 있습니다. 두 번째는 그림책을 모두 읽은 뒤 기억나는 만큼 적어 보는 방법입니다. 시간은 비교적 오래 걸리지만 정답을 떠올리는 과정에서 학생들이 책의 흐름을 정리할 수 있다는 장점이 있습니다. 짝, 모둠 활동으로 진행하며 활발한 토의를 유도할 수도 있습니다. 닫힌 질문으로 구성된 1번~8번과 열린 질문으로 구성된 9번~10번 문항에 충실히 답한다면 2번 활동에서 '나'에 대해 떠올리는 활동에 큰 도움이 될 것입니다.

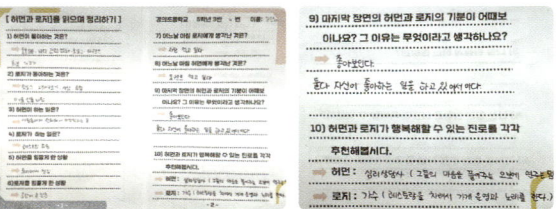

2. 나의 직업 흥미를 찾아볼까? `학습지`

앞선 활동에서 허먼과 로지에 대한 내용을 정리해 보았다면 이번 활동의 주인공은 '나'입니다. 학습지 순서대로 진행한다면 자연스럽게 나에 대해 탐구할 수 있습니다. 먼저 내가 좋아하는 것을 떠올려 봅니다. 그림책에 제시된 것처럼 물건, 음식, 계절, 상황 등 다양한 대상을 적습니다. 또한 나를 힘들게 하는 상황은 무엇인지, 이때 나에게 힘이 되어주는 것은 어떤 것이 있는지 떠올리며 생각을 확장합니다. 5번 질문은 태블릿을 활용하여 간단한 검사를 한 뒤 추천 직업을 적는 활동입니다. [주니어 커리어넷] > [나를 알아보아요] > [고학년 진로 흥미 탐색]에서 비회원으로 검사를 실시하고 자신의 진로 성향과 추천 직업을 확인합니다. 진로 검사를 통해 나를 탐색하는 시간이 중요하므로 충분한 시간을 주는 것이 좋습니다. 6번 질문에는 앞서 적은 좋아하는 일과 적성에 맞는 직업을 합쳐 미래의 내가 행복할 수 있는 진로를 생각해 봅니다. 6번까지 적었다면 이를 직접 그림으로 그려보며 나의 미래 모습을 형상화합니다.

7번 학생 예시　　　주니어 커리어넷 진로흥미탐색 홈페이지 접속

3. 나의 모습을 클레이로 만들어요.

2번 활동에서 학생들은 자신의 행복 직업을 찾고 이를 그림으로 형상화했습니다. 이번 활동에서는 이를 클레이로 만들어보는 활동을 합니다. 클레이로 만드는 과정에서 행복 직업에 자신을 투영하고 행복한 미래를 상상해 볼 수 있습니다. 또한 자신이 만든 클레이를 친구들에게 발표하며 나의 진로에 대해 공언하는 시간을 가집니다. 이 과정에서 나의 미래에 구체성이 생기고 이루고자 하는 의지를 부여할 수 있습니다.

플라잉 코치　　관광 가이드　　간호사　　프로게이머　　축구선수　　애견 카페 사장

그림책 수업 팁!

활동 2에서 태블릿이 없는 경우 학교 컴퓨터실, 또는 개인 전자기기를 활용할 수 있어요.

추천 대상이 고학년인 만큼 진로 흥미 탐색 검사를 직접 해보는 과정은 자신의 적성을 발견하고 진로의 방향을 정하는데 큰 길잡이가 됩니다. 신뢰도와 정합성을 높여주는 방법이기도 하므로 진로 탐색 검사를 할 수 있는 다양한 방법을 허용해 주세요.

거북이는 거북이답게 토끼는 토끼답게 나는 나답게!

추천 대상 : 3~6학년

슈퍼 거북

유설화 (글·그림)
책읽는곰 (2018년)

거북이 꾸물이는 경주에서 토끼를 이긴 뒤, '슈퍼 거북'이라는 별명을 얻고 온 도시에 슈퍼스타가 됩니다. 꾸물이는 이웃들의 기대를 저버리지 않으려고 수많은 노력을 통해 빠른 거북으로 거듭나지만, 행복하지 않았습니다. 그런 꾸물이에게 토끼가 다시 도전장을 내밀었고 여러 부담으로 잠을 설친 꾸밀이는 경주 도중 잠이 들어 지고 말았습니다. 주변 시선에서 벗어나 느긋한 자신의 삶을 되찾은 꾸물이의 미소가 인상적인 이야기입니다.

여러 사람이 같이 살아가는 사회에서 남의 시선을 의식하지 않기란 불가능에 가깝습니다. 물론 다른 사람의 인정이나 격려가 성장하는 데 도움이 될 때도 많지만 자신의 속도나 행복만을 생각하긴 어렵습니다. 거북이 꾸물이가 자신을 찾아가는 모습을 보면서 나다운 게 무엇인지 잠깐 생각해 보는 계기가 되기 바랍니다.

그림책 활동

1. 토끼와 거북이 즉흥극 [학습지]

세계적으로 유명한 이솝우화인 토끼와 거북이 이야기지만 간혹 모르는 학생들이 있습니다. 그래서 그림책을 읽기 전에 원래 이야기를 즉흥극으로 만나게 했습니다. 처음부터 이야기를 알고 있던 아이들도 즉흥극을 보면서 흥미로운 태도로 슈퍼 거북 이야기에 좀 더 몰입할 수 있습니다.

즉흥극 안내

1. 교사가 말하는 대로 연기할 수 있는 지원자를 두 명 선발합니다.
2. 둘 중 한 명은 거북이, 한 명은 토끼 역할을 맡습니다.
3. 교사가 이야기를 읽으면 아이들은 말은 하지 않고 몸동작만 표현하도록 합니다.
4. 달리기 장면은 미리 출발선과 도착 선을 표시해 두거나 교실을 한 바퀴 돌게 하면 연기하기 좋습니다.
5. 마지막 장면에서 토끼와 거북이 역할 모두에게 어떤 생각과 느낌이 드는지 물어봅니다. 이때 아이 이름보다는 역할 이름을 부르며 인터뷰 형식으로 답하게 하면 더 실감 나는 답을 들을 수 있습니다.

2. 슈퍼 거북 깊이 보기(짝활동) [학습지]

'슈퍼 거북'을 읽고 짝과 질문 나누기를 하며 이야기를 깊게 이해하는 활동을 합니다. 질문은 거짓 승리, 피나는 노력, 너의 요구, 거북력 테스트를 키워드로 만들었습니다. 시간 여유가 있다면 몇 명의 이야기를 전체적으로 들어보는 시간을 갖습니다. 학생들은 슈퍼 거북의 이야기에 빗대어 자신의 경험을 이야기하는 것을 매우 흥미로워하고 다른 학생들과도 나누고 싶어서 합니다. 자신의 이야기를 충분히 하는 것이 중요하기 때문에 모둠보다는 짝 활동으로 추천하고 쓰기보단 이야기를 나눌 시간을 많이 줍니다.

<슈퍼 거북 깊이 보기> 대화 예시

피나는 노력: 꾸물이는 빨라지기 위해 엄청난 노력을 합니다. 나도 그런 노력을 한 적이 있나요? 나는 왜 그렇게 노력을 많이 했을까요?
-반에서 스피드스택킹 대회 준비를 할 때 잘되지 않아서 쉬는 시간마다 연습했더니 나중에는 반에서 제일 잘하게 되었어요

3. 나는 나답게 학습지

'나는 무엇을 할 때 행복(편안)한가요? 라는 질문을 시작하기 전에 이전 활동에서 했던 거북력테스트에 대해서 이야기합니다. 꾸물이가 다시 느린 삶으로 돌아가 했던 활동 중에서 몇 개나 자신과 겹치는지 묻습니다. 그리고 학생들이 요즘 가장 편안하고 행복한 일이 무엇인지 묻습니다. 그리고 그 일과 관련된 그림을 그리고 모둠 친구들과 이야기를 나누도록 했습니다. 내가 나다운 게 무엇인지 알아차리는 것과 서로 그것을 알고 배려하는 것의 중요성을 이야기하기 좋은 활동이었습니다.

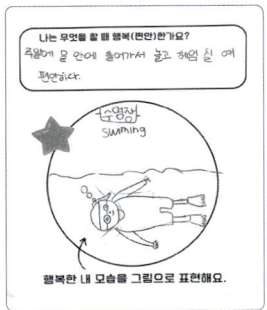  

그림책 수업 팁!

나는 나답게 활동할 때 '편안'을 강조해요.

이 활동할 때 학생들에게 중독적이거나 자기 파괴적인 행동들은 '나는 나답게'에서 말하는 행복과 맞지 않는다는 것을 이야기하는 것이 중요합니다. 미리 주의를 시키지 않으면 '핸드폰 밤새도록 하기'와 같이 특정 주제로 이야기가 치중될 수 있어요. 교사의 의도가 담긴 개인적인 경험을 풀어주거나 학생 몇 명의 발표를 듣고 어떤 것이 편안하고 행복한 일인지 이야기하는 것이 필요합니다.

나는 나답게 활동하고 공감하기 활동을 할 수도 있어요.

친구들이 편안함을 느끼는 활동을 돌아보고 나도 그 활동이 좋다면 공감 스티커를 붙이거나 포스트잇에 쪽지를 써서 붙일 수 있어요.

너의 멋진 꿈을 응원해!

추천 대상 : 1, 2 학년

난 커서 어른이 되면 말이야

다비드 칼리 (글)
줄리아 파스토리노 (그림·만화)
엄혜숙 (옮김), 나무말미 (2022년)

'난 커서 어른이 되면 말이야'는 매일매일 꿈이 달라지는 우리 아이들의 모습과 매우 닮은 남자아이와 여자아이가 주인공인 그림책입니다. "너는 커서 뭐가 되고 싶어?"라고 물어보면 그 시기에 관심 있는 것에 따라 대답을 하기고 하고, 현실에서는 이루어질 수 없는 엉뚱한 대답을 하는 경우도 있습니다. 그건 아마 아이들만 할 수 있는 꿈에 대한 상상력 때문이 아닐까 합니다.

초등학생 시기에는 직업을 선택하기보다는 다양한 직업에 대한 탐색을 다양한 활동을 통해서 해 볼 수 있게 하는 것이 무엇보다 중요합니다. 저학년의 경우 아직 구체적으로 자신이 미래에 하고 싶은 일을 표현하기에는 미숙한 시기입니다. 따라서 그림책과 같이 여러 가지 활동을 통해 자신이 하고 싶은 일이 무엇인지 조금씩 경험해 나가는 것이 필요합니다.

그림책 활동

1. 물건 속 단서를 찾아라.

책을 읽기 전 아이들과 표지에 등장하는 여러 가지 물건을 이용해 게싱 게임(Guessing Game)을 합니다. 표지에 보이는 축구공, 사자, 기타 등 각각의 물건과 연결된 직업들을 생각하며 아이들에게 직업에 대한 확장적 사고를 해 볼 수 있는 경험을 줍니다. 그리고 게싱 상자(Guessing Box)에서 물건을 한 가지씩 꺼내며 물건의 주인은 어떤 직업을 가지고 있을지 유추해 보게 함으로써 그림책에 대한 흥미 및 관심을 이끌어냅니다. 아이들이 평소에 잘 알고 있어 익숙한 물건들을 사용해 보는 것이 좋습니다. 예를 들어 종이를 게싱 상자에서 꺼냈을 때 종이라는 것은 아이들이 익숙한 것이지만 이것과 관련된 직업은 생각해 보지 못했기 때문에 다양한 답을 얻어낼 수 있습니다.

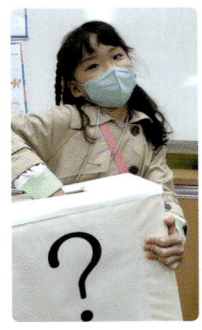 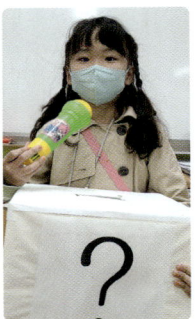

2. 책 속 퀴즈

그림책 속에는 주인공이 어른이 되면 하고 싶은 다양한 일들이 나옵니다. 그림책을 아이들에게 읽어주기 전에 책갈피 포스트잇으로 직업이 나오는 글자를 가려줍니다. 그리고 책을 읽으면서 어떤 글자가 숨겨져 있는지 함께 맞추면서 책을 읽습니다. 책을 다 읽은 후에는 주인공이 어른이 되어 하고 싶었던 일을 5-6명씩 한 줄로 서서 순서대로 이어말하기 발표를 합니다. 앞에 학생이 말한 내용을 한 번 더 이야기하거나, 기억이 안 나서 이야기를 못하면 탈락하게 되어 끝까지 남아있는 학생이 승리를 하게 됩니다.

3. 서랍책 만들기   학습지⬇

그림책을 읽는 후 자신이 어른이 되면 하고 싶은 일을 발표해 봅니다. 만약에 어른이 되어 하고 싶은 일이 없다고 말하는 학생이 있다면 자신이 가장 관심 있어 하는 직업을 표현해 보도록 합니다. 그리고 서랍 책 만들기를 통하여 자신이 어른이 되어 하고 싶은 일을 글과 그림으로 꾸며봅니다. 서랍 책을 만드는 방법은 다음과 같습니다.

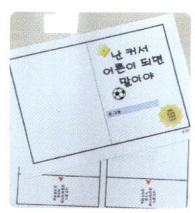   

❶ 도안, 색칠도구, 가위, 풀을 준비해 주세요.
❷ 첫 번째 도안을 잘라 봉투 모양으로 만들어 주세요.
❸ 두 번째 도안에 자신이 어른이 되면 하고 싶은 일을 그림을 그리고 글로 써 주세요.
❹ 첫 번째 도안과 두 번째 도안을 연결하여 서랍 책을 완성합니다.

서랍 책을 다 만든 후에는 교실을 돌아다니며 이야기를 나눌 짝을 만납니다. 짝을 만나면 가위바위보를 한 후 이긴 친구가 먼저 서랍을 열어 자신이 어른이 되어 하고 싶은 일을 상대 친구에게 이야기를 합니다. 그러고 나서 진 친구가 이긴 친구에게 자신이 어른이 되어 하고 싶은 일을 이야기합니다. 이야기를 다 들은 후에는 "너의 멋진 꿈을 응원해"라고 이야기해 줍니다. 주어진 시간에 교실을 돌아다니며 여러 친구를 만나 이야기를 나눕니다.

'물건 속 단서를 찾아라.' 활동에서 게싱 상자 대신 이미지 카드를 사용할 수 있어요.

게싱 상자 대신 다양한 사물의 사진이 포함된 이미지 카드를 사용해 활동을 대체해 볼 수 있어요. 이미지 카드를 보여줄 때 선생님이 여러 이미지 카드 중에서 선택해서 보여주는 것보다는 카드를 뒤집어 퍼즐 모양으로 칠판에 붙여 놓고 학생들이 선택해 보는 것이 조금 더 수업을 흥미를 갖게 할 수 있어요.

꿈꾼다는 건… 먼 미래? 아니 지금!

추천 대상 : 1, 2 학년

꿈꾼다는 건 뭘까?

이상교 (글), 이명하 (그림)
미세기 (2020년)

우리는 '꿈'을 꼭 가지고 이루도록 노력해야 한다고 말합니다. 하지만 꿈꾼다는 것은 무엇인지, 자신의 꿈은 어떤 것인지 구체적으로 설명할 수 있는 사람은 많지 않습니다. 아이들에게 꿈을 가져야 한다고 말하지만 어른 역시 꿈이 없는 사람이 많습니다. 꿈을 장래 희망(직업)과 동일시하기 때문이 아닐까 싶습니다.
이 그림책은 꿈을 다양한 크기와 빛깔의 새알로 비유하면서 꿈을 어떻게 꾸고 어떻게 이루어 가야 할지를 이야기합니다. 그리고 먼 미래의 꿈도 꿈이지만 잠시 후에 이루어질 꿈도 꿈이라고 말합니다. 조금씩 조금씩 꿈을 꾸고 이루어 나가는 것이 중요하고, 이런 작은 꿈들이 모여 더 큰 꿈을 이룰 수 있다고 말해 줍니다. 우리 학생들도 미래의 직업이 아닌 가까운 시간에 이룰 수 있는 꿈부터 꾸어 보기를 바랍니다.

그림책 활동

1. 나는 누구인지 생각하기 [학습지]

그림책을 읽은 후 내가 잘하는 것, 내가 하고 싶은 것, 내가 되고 싶은 것 등을 떠올리며 나는 누구인지 생각해 봅니다. 친구들이 나를 어떻게 생각하는지 이야기를 들어보아도 좋습니다. 이때 미래의 직업과 함께 가까운 시간에 이룰 수 있는 꿈도 생각해 보도록 합니다. 그리고 친구들과 자기 생각을 모아 두뇌 메모지에 기록합니다.

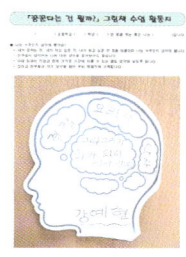 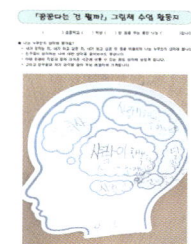 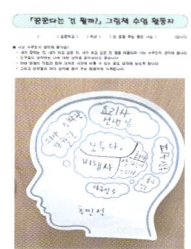

2. 꿈알 만들기

두뇌 메모지에 기록한 내가 이루고 싶은 꿈 중 미래의 직업과 가까운 시간에 이룰 수 있는 꿈을 몇 가지 골라 꿈 쪽지에 옮겨 써봅니다.

 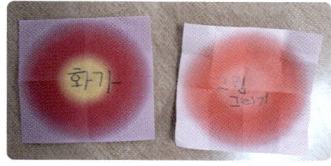 

그 다음에 그림책에서 꿈을 다양한 크기와 빛깔의 새알로 비유한 것처럼 자기 꿈을 나만의 꿈알로 만들어 봅니다.

❶ 꿈알을 담을 둥지를 먼저 만듭니다.
❷ 클레이로 알을 만들 때 꿈 쪽지를 접어 넣습니다.
❸ 꿈 쪽지를 넣은 알을 나만의 꿈알로 모양을 만들어 둥지에 담습니다.

3. 꿈꾸지 않으면 노래 부르며 다짐하기 학습지

'꿈꾸지 않으면(간디학교 교가)' 노래를 함께 불러 봅니다. 우리가 꿈을 꾸어야 그 꿈을 이룰 수 있고, 더 큰 꿈을 꿀 수 있음을 느껴 봅니다. 그리고 꿈알 만들기 활동에 대한 소감을 나누며 꿈을 이루기 위해 앞으로도 노력할 것을 다짐합니다.

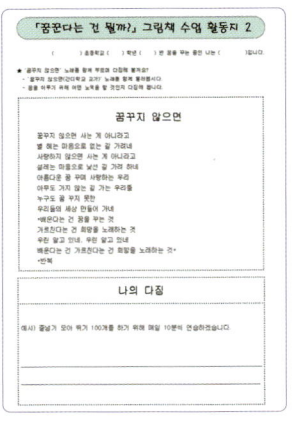
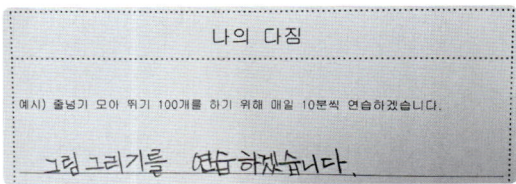
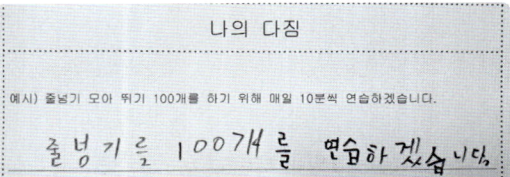

꿈 쪽지는 바둑알로 대체할 수 있어요.

꿈 쪽지를 클레이로 감싼다는 점을 고려할 때 바둑알이나 돌멩이 자료로 대체하는 것도 좋아요. 바둑알이나 돌멩이에 네임펜으로 꿈을 쓰고 클레이로 감싸서 꿈알을 만들 수 있어요.

꿈알 만들기 활동에 포일을 활용할 수 있어요.

꿈알을 클레이가 아닌 포일을 활용한다면 포일에 꿈을 쓰고 그 자체를 둥글게 뭉쳐서 꿈알로 만들 수 있어요.

내 안의 멋진 나 찾기

추천 대상 : 1, 2학년

봉봉이의 아주 특별한 모자

이진화 (글·그림)
미래엔아이세움 (2020년)

우리는 서로 다른 모습으로 살아갑니다. 교실의 학생들을 보아도 각자의 색깔과 모습이 달라서 더 재미가 있는 것 같습니다. 학생들은 서로의 다른 모습을 보면서 부러워하기도 하고, 서로 영향을 주고받으며 성장해 나갑니다. '봉봉이의 아주 특별한 모자'에 나오는 봉봉이는 자신의 긴 귀를 창피해합니다. 사람들이 자신의 귀에 대해서 쑥덕거릴 거라는 생각도 합니다. 봉봉이는 자신의 귀를 가리기 위해 특별한 모자를 제작하고 나서야 비로소 자신감을 가지게 됩니다. 자신감에 찬 봉봉이는 여러 친구를 도와주면서 뿌듯해하기도 합니다. 그리고 결국 깨닫게 됩니다. 자신이 친구들을 도울 수 있었던 것은 모자 덕분이 아니라 자신이 부끄러워했던 긴 귀 덕분이었다고 말입니다. 저학년 진로 교육은 자기 이해에서 시작합니다. 이 그림책 수업을 통해서 학생들이 자신의 멋진 점을 찾고 자기 자신을 더욱 사랑하고 자랑스러워할 수 있기를 바랍니다.

그림책 활동

1. 봉봉이의 마음을 맞춰라 학습지

책을 읽고 난 뒤 학생들과 봉봉이의 마음에 대하여 이야기해 봅니다. 처음에 봉봉이는 왜 슬펐는지, 그리고 봉봉이는 새로운 모자가 필요할지에 대한 이야기를 나누어 봅니다. 이야기를 나눈 뒤에는 봉봉이의 메시지를 퍼즐로 제시합니다. 특히 저학년 학생들도 쉽게 풀 수 있는 덧셈과 뺄셈 연산 퍼즐을 만들었습니다. 너무 쉽지도 어렵지도 않은 다소 도전할 만한 난이도의 과제를 제시하여 학생들의 참여도를 높입니다. 생각하게 하는 연산 활동과, 소근육을 발달시킬 수 있는 가위로 자르는 활동은 저학년 수준에서 재미도 있고 꼭 필요한 활동이라고 생각합니다. 저마다 활동의 속도는 다르지만 퍼즐을 완성한 학생은 봉봉이의 마음을 나타낸 말풍선을 읽으며 그림책에서 전달하고자 하는 메시지를 다시 한번 상기하고, 성취의 기쁨도 누리는 시간을 가집니다.

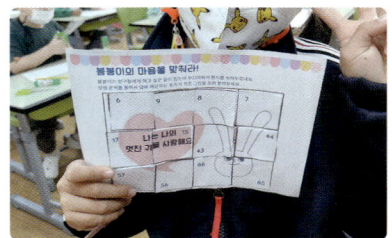

2. 너는 이래서 멋져!

봉봉이는 처음에 자신의 긴 귀를 부끄러워합니다. 만약 누군가 봉봉이에게 귀가 참 멋지다고 말해주었다면 봉봉이는 귀를 부끄러워했을까요? 학생들도 자신의 멋진 모습에 대해 인식하지 못하고 있는 경우가 많습니다. 활동 3으로 제시한 모자 만들기를 하기 위해서 내가 생각하는 나의 멋진 모습에 대하여 말해보라고 하면 학생들은 쉽게 이야기를 하지 못합니다. 그럴 때에는 일정한 모둠을 구성하여 모둠 친구들에게 롤링 페이퍼 형식으로 칭찬의 말을 적어줍니다. 학생들마다 개인 칠판을 준비하여 칠판 주인에게 칭찬의 메시지를 적어줍니다. 자기 차례로 다시 돌아온 칠판에는 친구들이 적어준 칭찬의 메시지가 있습니다. 학생들 스스로 자신의 모습을 긍정적으로 인식하는 데 타인의 칭찬이 도움이 됩니다.

3. 나의 자랑스러운 모자

종이 모자를 만들 수 있는 종이 키트를 구입하여 모자 만들기를 합니다. 모자의 보이는 면은 자신의 장점들로 꾸밉니다. 종이로 만든 모자라서 아이들이 연필, 색연필, 사인펜 등 평소에 자주 사용하는 미술 용구들로 꾸밀 수 있어서 좋습니다. 친구들에게 받은 칭찬의 피드백, 그리고 스스로 생각하는 나의 잘하는 것으로 모자를 디자인합니다. 나의 모자를 쓴 학생들에게 이 모자도 봉봉이의 모자와 같이 나에게 자신감을 주는 모자라고 격려의 말을 더해준다면 아이들이 만든 모자가 정말로 마법같은 힘을 발휘할지도 모를 일입니다.

그림책 수업 팁!

잘하는 점을 찾기 어려워하는 학생들이 있어서 이 책을 같이 읽어주었어요.

학생들 스스로 잘하는 것을 찾기 어려울 때 다른 그림책으로 도움을 줄 수 있어요. 그래서 '내가 잘하는 건 뭘까?'(구스토키 시케노리 글)라는 그림책을 활동 2에서 추가로 읽어주면 좋아요. 기존의 학생들이 가지고 있던 '잘하는 점'에 대한 편견을 깨고, 새로운 관점에서 잘하는 점을 찾을 수 있어서 많은 도움이 될 거예요.

활동 시수를 넉넉하게 잡아야 해요.

활동이 단순해 보이지만, 활동 1에서도 많은 시간이 소요돼요. 시수가 넉넉지 않다면 위의 활동 중에 골라서 하나 또는 두 개만 하거나, 1학년 기준으로 2차시 이상을 잡아야 하니, 학생들의 활동 속도를 고려하여 넉넉하게 시수를 잡고 활동하는 것이 좋아요. 가정 연계가 가능하다면 활동 2는 가족들과 이야기 나누기로 재구성해도 좋아요.

최선을 다한 나, 무엇이 될까?

추천 대상 : 3~6학년

몽당

김나윤 (글·그림)
걸어가는늑대들 (2022년)

'몽당'은 글을 쓰는 연필 '몽당'이 주인공입니다. 몽당은 떠오르는 생각들을 글로 적느라 몸을 바삐 움직입니다. 하지만, 글을 쓸수록 몸의 크기가 작아지고, 자신이 사라질지도 모른다는 두려움에 싸입니다. 글 쓰는 것을 포기할 것인가? 떠오르는 생각을 계속 써 내려갈 것인가?

몽당이의 선택과 변화를 함께 경험하며, 학생들은 자신의 꿈과 미래에 대해 생각하게 됩니다. 이 수업을 통해 '최선을 다하는 삶', '꿈을 이루기 위해 포기해야 할 것'과 '노력해야 할 것'에 대해 진지하게 고민해 보는 시간을 가질 수 있습니다.

그림책 활동

1. 나의 버킷리스트 찾기 `PPT` `학습지`

읽기 전 활동으로 내가 하고 싶은 것이나 꿈을 간단히 버킷리스트로 적도록 합니다. 버킷리스트는 '죽음을 앞둔 사람이 죽기 전에 하고 싶은 일을 적은 목록'이라는 뜻으로, 버킷리스트에 내가 하고 싶은 일을 모두 적어보도록 합니다. 활동 중간에, 내가 하고 싶은 일이 '휴대폰 게임'일 경우, 이것이 미래의 꿈과 연결될 수 있을지 생각을 열어주는 가벼운 질문을 합니다. 어떤 일은 미래의 꿈과 연결되기도 하지만, 어떤 꿈은 미래의 꿈과 연결되기 어려운 경우도 있음을 깨닫도록 발문합니다. (PPT 참고)

2. '몽당이' 인터뷰하기 `PPT` `학습지`

그림책을 읽어주고, 몽당에게 궁금한 내용을 질문지에 적습니다. 질문을 작성할 때에는 사실, 이해, 적용, 종합 질문 중에서 '왜', '만약에'로 시작하는 질문을 반드시 1개 이상 포함하여 작성하도록 합니다. 예를 들어 '몽당아, 너는 왜 몸이 없어지는 데도 계속 글을 썼니?', 또는 '만약에 네가 원하는 모습이 되지 못했다면 어땠을 것 같아?'라는 질문을 적을 수 있습니다.(수업팁 질문기법 참고) 모둠별로 역할을 정해 인터뷰 활동을 합니다.

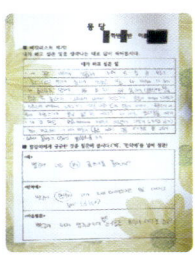
몽당학습지 1

'몽당이' 인터뷰 활동

3. '주니어 커리어넷' 진로 흥미 탐색 (비회원 접속, 바로 활용 가능)

'주니어 커리어넷'에 접속하여 '나를 알아보아요> 진로 흥미 탐색>'에 들어가서 자신의 진로 흥미를 탐색해 봅니다. '저학년 진로 흥미 탐색'에 접속하여 '자기 이해' 항목을 검사하면 '뚝딱이', '탐험이,', '멋쟁이', '친절이', '씩씩이', '성실이' 등 별명으로 구별된 자신의 유형과 추천 직업을 찾아볼 수 있습니다. 고학년인 경우도 직관적으로 제시되는 저학년용을 추천하며, 좀 더 심도 있게 하고 싶은 경우에는 고학년용을 추가적으로 진행해 볼 수 있습니다.

주니어 커리어넷

진로 흥미 탐색

4. '나의 꿈을 키워요' 활동하기 `PPT` `학습지`

몽당이의 '글쓰기'처럼 자신의 열정을 다해서 하고 싶은 일이 무엇일지 구체적으로 생각해 봅니다. 읽기 전 활동으로 미리 적어놓은 버킷리스트 중에서 한 가지를 정해서 현재 '자기가 하고 싶은 일이 미래의 꿈과 연결되려면' 어떤 조건들을 갖추어야 할지, 또 꿈을 이루기 위해 '포기해야 할 것'과 '노력해야 할 것'을 이야기 나누어 봅니다. 주니어 커리어넷 활동 결과로 나온 직업 중 마음에 드는 직업을 적어보고, 질문기법을 사용하여 선택한 직업에 대해 친구와 함께 질문해 봅니다.

그림책 수업 팁!

몽당이 인터뷰는 '왜', '만약에'라는 질문을 꼭 활용해요.
(하브루타 질문법 응용)

책 주인공 인터뷰(질문) 활동을 하다 보면, 사실, 이해, 적용, 상상, 종합 질문 중에서 '사실확인'과 '내용 이해'의 질문을 하는 경우가 많아요. 하지만 자신의 삶과 연결 지어 생각해 보는 습관을 갖기 위해서는 '적용 질문'과 확산적 사고를 촉진시키는 '상상 질문', '종합질문'을 활용하는 것이 좋아요. 적용 질문이나 상상 질문을 하려면, '왜', '만약에', '만약 내가~라면' 등을 넣으면 질문을 쉽게 만들어 볼 수 있어요. 자신의 삶과 연결되는 질문을 많이 만들도록 이끌어 주세요.

그림책에서는 이런 질문기법들을 활용할 수 있어요. (하브루타 질문법 응용)

사실 질문	(내용)이해 질문	적용 질문	상상 질문	종합질문
• 몽당이 좋아하는 일은 무엇인가요? • 몽당은 나중에 무엇이 되었나요?	• 몽당은 자신의 몸이 작아지는 것을 알고 어떻게 했나요? • 몽당이 글쓰기를 좋아하는 이유는 무엇인가요?	• 몽당은 왜 글을 계속 썼을까요? • 다른 연필들은 왜 글쓰기를 시작했을까요?	• 만약에 몽당이 글을 쓰지 않았다면 어떻게 되었을까요? • 만약 내가 몽당이라면 어떻게 했을 것 같나요?	• 이 글을 쓴 작가는 우리에게 무엇을 말하고 싶은 걸까요? • 책을 읽고 느낀 점은 무엇인가요? • 책을 읽고 새롭게 든 생각은 무엇인가요?

어떤 직업이 나에게 딱일까?

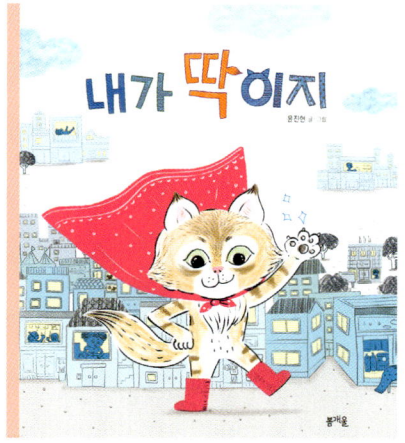

추천 대상 : 3, 4학년

내가 딱이지

윤진현 (글·그림)
봄개울 (2021년)

고양이 보리는 자신감이 넘치는 고양이입니다. 주인의 잔소리가 듣기 싫었던 보리는 혼자 살기 위해 주인의 집을 떠납니다. 보리는 자신이 잘하거나 좋아하는 일을 찾아 나섭니다. 요가 선생님, 상자 포장하는 일, 그림 모델, 미용사, 이불 판매원, 야간 순찰대원 등 다양한 직업을 가지고 일을 하는 과정이 그려집니다.
보리가 잘하거나 좋아하는 일을 직업과 연결하는 모습을 보며, 학생들이 잘하거나 좋아하는 일로부터 출발하여 자신의 진로를 생각해 보도록 할 수 있습니다. 진로 탐색의 기초는 자기 자신을 잘 살펴보고 파악하는 것임을 알려주는 그림책입니다.

그림책 활동

1. 보리가 딱이지 `학습지`

이 활동은 그림책 속 주인공 고양이 보리가 잘하거나 좋아하는 일은 무엇인지, 어떤 직업을 찾았는지 함께 따라가 보는 활동입니다. 몸이 유연해서 요가 선생님, 상자를 좋아해서 상자 포장 기사, 우아해서 그림 모델, 꾸미기를 좋아하니까 미용사, 이불에 대해 잘 아니까 이불 판매원, 밤에도 시력이 좋으니까 야간 순찰대원의 직업을 찾습니다. 그림책 내용 외에도 '몸이 유연하면 요가 선생님 외에 어떤 직업을 생각해 볼 수 있을까?' 라고 교사가 질문하여 학생이 다른 직업으로 생각을 확장할 수 있도록 해도 좋습니다.

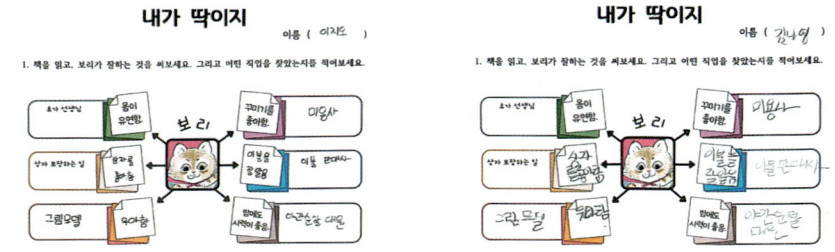

2. 내가 딱이지 `학습지`

고양이 보리처럼 내가 잘하거나 좋아하는 일을 탐색해 봅니다. 스스로 생각해 볼 시간을 충분히 주고, 모둠별로 앉아 모둠원들끼리 각자의 생각을 공유하고 서로가 잘하거나 좋아하는 일을 더 찾아봅니다. 이를 바탕으로 좋아하거나 잘하는 것과 관련된 직업을 생각해 적어봅니다. 활동하기 전, 선생님이나 유명인을 예시로 들어서 탐색하는 과정을 보여주면 학생들이 활동하는 데 도움이 됩니다.

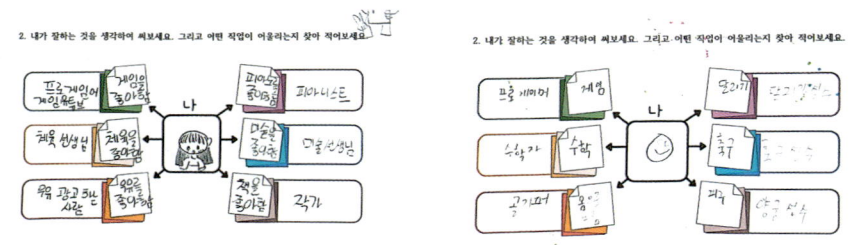

3. 다양한 직업 탐색하기 학습지

학습지 가운데 하트 안에 자신의 이름을 적습니다. 네모 칸에는 활동 2에서 찾은 직업을 적습니다. 그 후 모둠 친구들과 돌아가면서 자신이 찾은 직업을 발표해 봅니다. 만약 한 친구가 '나는 책을 좋아해서 작가를 생각해 보았어.'라고 발표했다면, 모둠 친구들은 친구가 말한 직업을 학습지 네모 칸 안에 써넣습니다. 나와 관련된 직업 외에 다양한 직업을 탐색해 보는 시간입니다.

친구가 잘하는 것을 진심으로 찾아줘요.

'내가 딱이지' 활동에서 모둠원들끼리 서로 잘하는 것을 찾아줄 때 놀리거나 장난치지 않도록 사전에 안내해요. 내가 아닌 다른 사람이 내가 잘하는 것을 찾아주는 것은 나를 객관적으로 바라볼 수 있는 의미 있는 일임을 알려주고, 진지하게 활동에 참여할 수 있도록 해요. 상대방이 상처받을 만한 말을 칭찬으로 포장해서 하지 않도록 미리 안내하여 의미 있는 활동이 이루어지도록 해요.

직업의 날을 정해보아요.

'다양한 직업 탐색하기' 활동 후 관심이 가는 직업을 2~3개 골라 글자 위에 색을 칠해서 교실에 전시해요. '직업의 날'을 하루 지정해서 친구가 색칠한 직업으로 불러주기 활동해도 좋아요. 예를 들어 홍길동 학생이 가수에 색칠했다면, 직업의 날에 '홍길동 가수님'하고 친구들이 불러주는 거예요. 다양한 직업에 재미있게 다가갈 수 있는 활동이에요.

완두콩만큼 작은 아이의 반짝이는 성장 이야기

추천 대상 : 1~4학년

완두

다비드 칼리 (글)

세바스티앙 무랭 (그림)

이주영 (옮김), 진선아이 (2018년)

몸집이 완두콩만큼 아주 작은 아이 완두는 커다란 세상에서 행복하게 살아갑니다. 성냥갑 침대에서 잠이 들고, 세면대 수영장에서 수영하고, 신나게 여치를 타고 다니며 숲을 누빕니다. 세상 어느 아이보다 작지만, 크고 넓은 우주를 바라보며 꿈을 키웁니다. 그러나 학교에 들어간 완두는 힘든 시간을 마주합니다. 리코더를 불기에도, 식사하기에도, 친구들과 어울려 뛰어놀기에도 완두는 너무 작았습니다. 학교에서 혼자가 된 완두는 하루 종일 그림을 그리며 시간을 보냅니다. 마침내 어른이 된 완두는 여전히 완두콩만큼 작지만, 씩씩하고 행복하게 생활합니다. 그리고 우표 예술가라는 자신의 꿈을 실현하여 하루하루 즐겁게 살아갑니다. 그림책 '완두'는 다른 사람과 자신의 차이를 이해하고, 자신을 사랑하며 행복하게 성장해 나가는 완두의 이야기를 담고 있습니다. 학생들과 그림책 '완두'를 함께 읽으며, 자신이 할 수 있는 일에 대해 생각해 보고 자신의 꿈을 단단히 지지해 보는 경험을 하고 싶습니다. 아직은 작은 새싹인 우리 학생들이 마음속 소중한 꿈을 발견하기를 소망합니다.

그림책 활동

1. 완두에 대하여 학습지

그림책 '완두'에는 완두콩만큼 작은 아이 완두가 등장합니다. 그림책을 읽기 전, 실제 완두콩을 준비하여 크기를 관찰해 보고 완두의 몸집을 상상해 보는 시간을 갖습니다. 완두처럼 몸집이 아주 작다면, 어떠한 점이 불편하고, 어떠한 점이 재미있을지 생각해 봅니다. 그리고 완두가 할 수 있는 일과 할 수 없는 일에 관해서도 이야기를 나눕니다. 모둠별로 나눈 이야기를 토대로 '완두에 대하여' 모둠 학습지를 작성합니다. 그림책을 읽으며 완두의 일상을 들여다보고, 그림책에 등장한 내용들을 모둠 학습지에 추가합니다. 완성한 모둠 학습지를 칠판에 게시하여 전체 학생들이 함께 살펴봅니다.

  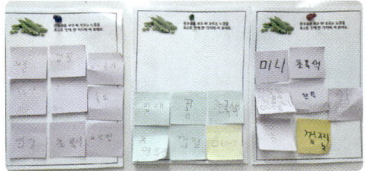

2. 나의 꿈 우표 만들기 학습지

어른이 된 완두는 우표를 그리는 일을 합니다. 몸집이 너무 작아 학교에 다니기도 힘들고, 주변의 걱정을 한 몸에 받았던 완두였지만, 자신이 즐겁게 잘 해낼 수 있는 일을 찾아 하루하루 행복하게 살아갑니다. 학생들도 완두가 되어 자신만의 우표를 그려봅니다. 나의 꿈을 주제로 하여 우표를 완성합니다. 꿈이 여러 개인 경우 여러 장의 우표를 그립니다. 아직 꿈을 정하지 못한 학생들은 내가 좋아하는 일들을 우표로 표현합니다.

3. 어른이 된 나에게 응원 엽서 쓰기 학습지

학생들이 어른이 된 자기 모습을 상상해 보도록 합니다. 어떤 모습이든 열심히 노력하여 얻은 소중한 결과일 것입니다. 어른이 된 나에게 전하는 응원 엽서를 만들어 봅니다. 엽서 도안을 매끄러운 도화지에 인쇄하여 제공합니다. 실제 엽서를 준비하여 활용해도 좋습니다. 미래의 나에게 전하는 응원과 지지의 말을 글로 적어봅니다. 엽서 뒷면은 예쁘게 그림이나 손 글씨로 채워 꾸밉니다. 응원 엽서에는 앞서 자신이 직접 그린 우표를 붙여서 완성합니다. 완성된 응원 엽서는 한꺼번에 걷어 모아두었다가, 학기말이나 학년말에 다시 전해줄 수 있습니다. 스스로에게 건네는 소중한 마음을 떠올리며 한 해를 마무리할 수 있습니다.

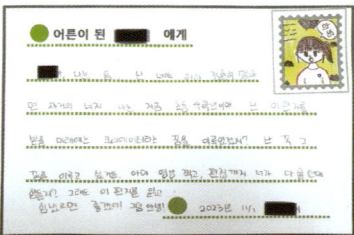 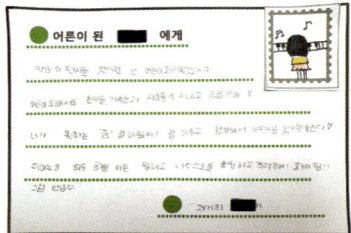

그림책 수업 팁!

완두콩이 없다면 색 점토나 색종이를 이용해요.

그림책을 읽기 전, 학생들에게 실제 완두콩을 보여주면 굉장히 흥미로워할 거예요. 만약 실제 완두콩을 제공할 수 없는 상황이라면, 연두색 색 점토를 완두콩 모양으로 동글게 만들 수 있어요. 또는 연두색 색종이를 완두콩 크기만큼 작게 오려서 보여줘도 돼요.

우표 도안을 라벨 용지에 인쇄할 수 있어요.

우표 도안을 라벨 용지에 인쇄하여 주면, 학생들이 자신이 만든 우표를 실제 우표처럼 떼서 붙일 수 있어요. 우표의 완성도가 높아져서 학생들의 만족도가 쑥쑥 올라갈 거예요. 엽서를 꾸미고 남은 우표는 친구에게 선물할 수도 있어요.

너는 너라서, 나는 나라서 우리는 특별해!

추천 대상 : 전 학년

너의 특별한 점

이달 저자 (글), 이고은 (그림)
김성미 (꾸밈), 달달북스 (2021년)

표지를 보면 아이의 목에 난 점이 눈에 띕니다. 친구들이 목에 난 점을 가리켜 속상한 주인공에게 엄마는 점, 아기의 첫 숨 그리고 꿈에 대한 비밀을 들려줍니다. 이 책에서 '점'은 중의적으로 사용되었습니다. 사람의 피부나 동물의 털에 나타난 작은 얼룩이라는 뜻으로 쓰이기도 하고, 여러 속성 가운데 어느 부분이나 요소를 나타내기도 합니다. 숨기고 싶고, 감추고 싶었던 '점'이 사실은 세상 만물의 시작이며, 아기의 첫 숨이 몸에 자리 잡으며 생긴 것이라는 작가의 해석은 신비롭게 다가오기도 합니다. 그리고 더 이상 '점'은 싫고, 부끄러운 것이 아니라 자랑스럽고 소중한 내 몸의 일부, 내가 꿈을 키워가는 나의 특별한 점이 됩니다. 초등학교 시기의 진로 교육은 바로 나에 대한 긍정적인 인식에서부터 시작합니다. 이 그림책을 통해 점의 모양과 개수가 모두 다르듯, 모두가 특별하고 소중한 존재임을 일깨우는 시간이 되길 바랍니다.

그림책 활동

1. 주인공 탐색하기 PPT ⬇

그림책을 읽기 전 학생들과 표지에 나타난 아이의 모습을 보고, 인물 탐색 활동을 합니다. 이는 학생들이 주인공에게 더욱 공감하고 내용에 몰입하도록 합니다. 교사는 주인공의 모습을 칠판에 그리되 점은 그리지 않고, "선생님이 빠뜨린 건 없나요?" 물으며, 학생들의 반응을 살핍니다. 학생들은 "선생님, 점이 빠졌어요!" 하며 보다 점에 집중하게 됩니다. 점을 비롯한 생김새를 살펴보고 이름, 나이, 성격, 좋아하는 것과 같은 특징을 추측하며 주인공의 '특별한 점'은 무엇일까 생각합니다. '특별하다'의 사전적 의미는 보통과 구별되는 다른 것을 의미합니다. 비슷한 말을 떠올리며 우리의 특별한 점을 생각해 봅니다. 학생들과 함께 찾은 특별한 점에는 생김새, 좋아하는 것, 잘하는 것 등이 있었습니다. 이 외에 다양한 특별한 점에 대해서도 생각해 볼 수 있습니다.

 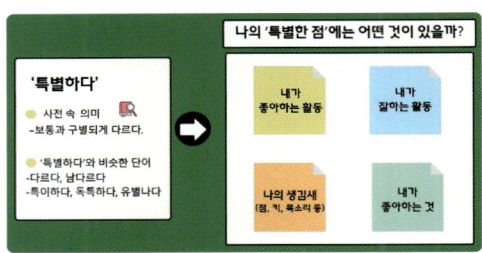

2. 나의 특별한 책 만들기 학습지 ⬇

주인공을 탐색한 후 자신과 비교하며, 내 몸에 점은 몇 개인지, 어디에 있는지 살펴봅니다. 그리고 더 나아가 자신이 좋아하는 것, 잘하는 것, 생김새, 좋아하는 음식 등에 대해 브레인스토밍 합니다. '나'의 특별한 점을 발표한 후에 다른 친구들의 특별한 점을 이야기해 주는 것도 좋습니다. 나뿐만 아니라 친구들의 특별한 점을 찾아주는 것은 서로가 긍정적인 자아상을 형성하는 데 도움이 됩니다. 그런 후에 <나의 특별한 책> 학습지에 '나'의 특별한 점을 적은 후, 다른 친구들과 공유하며 서로 격려의 메시지를 적어줍니다. 우리 학생들이 가진 여러 가지 특별한 점을 기억하고, 친구들과 나눈 응원 메시지에 격려를 받으며 긍정 확언처럼 되새기는 시간이 될 수 있습니다.

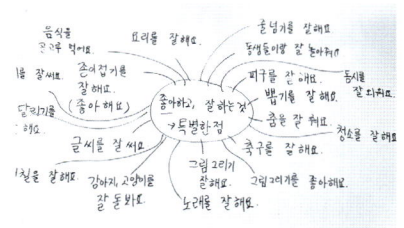 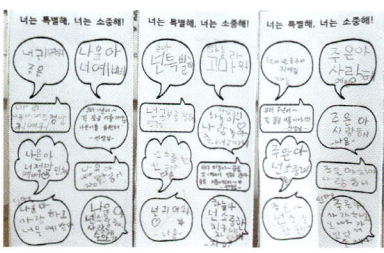

3. 나의 꿈씨 꾸미기 학습지

그림책 중간에는 주인공의 점 안에 사는 꿈씨가 등장합니다. 그는 주인공이 어렸을 때부터 함께 추억을 만들며 살아왔습니다. 커가면서 점점 잊히는 존재이기도 합니다. 꿈씨는 아기에게 그동안 자신이 만났던 사람들에 대해 들려줍니다. 꿈씨가 다른 이들에게 자신에 대해서 어떻게 전할지 학생들에게 생각해 보도록 합니다. 꿈씨가 전할 나의 미래 모습을 그리거나 써 보며 나의 특별한 책을 완성합니다. 각자 완성한 나만의 꿈씨의 캐릭터를 자신의 특별한 책 상단에 붙이면 마스코트처럼 나의 상징물이 됩니다. <나의 특별한 책> 도안을 접은 후, 연결하여 붙이면 똑바로 세울 수 있습니다. 전시하여 서로의 작품을 살펴보거나 발표하는 것도 좋습니다.

특별한 점에 대해 브레인스토밍을 할 때, 학생들이 발표한 다양한 의견을 판서하면 이 내용을 참고하여 자신의 특별한 점을 쉽게 정리할 수 있어요. 학생들이 발표하는 것을 판서하며 아주 사소한 특징도 특별한 점이 될 수 있음을 격려하면 더욱 풍부한 생각이 나와요.

**주제가 살아있는
그림책 수업 레시피**

2024년 3월 02일 초판 1쇄 발행
2024년 6월 13일 초판 2쇄 발행

글 김나영, 김지미, 김효남, 박민선, 송윤희, 이도경, 이승주, 임주미, 정혜민, 최지연
발행인 박윤희

책임기획 김나영 **디자인** 디자인스튜디오 이곳
발행처 도서출판 이곳
등록 2018. 10. 8 신고번호 제2018-000118호 **주소** 서울 송파구 송파대로44길 9(송파동)
이메일 bookndesign@daum.net **홈페이지** https://bookndesign.com
팩스 0504.062.2548 **블로그** blog.naver.com/designit **인스타그램** @book_n_design

저작권자 ⓒ 김나영, 김지미, 김효남, 박민선, 송윤희, 이도경, 이승주, 임주미, 정혜민, 최지연 2024
ISBN 979-11-93519-08-0(03190)

- 이 책은 저작권법에 따라 보호받는 저작물이므로 무단전재와 무단복제를 금지하며, 이 책 내용의 전부 또는 일부를 이용하려면 반드시 저작권자와 "도서출판 이곳"의 서면동의를 받아야 합니다.
- 잘못 만들어진 책은 구입하신 곳에서 교환해드립니다.
- 값은 뒤표지에 있습니다.

도서출판 이곳
우리는 단순히 책을 만들지 않습니다.
작가와 책이 마주치는 이곳에서 끊임없이 나음을 너머 다름을 생각합니다.